AF536360

Fahrradstadt

Ein umfassender Werkzeugkasten für Städte und Gemeinden

Thiemo Graf

Herausgeber: i.n.s. – Institut für innovative Städte

Thiemo Graf Verlag

Der Fahrradverlag

Impressum

Hinweis: Das vorliegende Buch ist sorgfältig erarbeitet worden. Alle darin enthaltenen Angaben wurden vom Autor mit größtmöglicher Gründlichkeit zusammengetragen und überprüft. Dennoch übernehmen Autor, Herausgeber und Verlag für die Richtigkeit von Angaben, Hinweisen und Empfehlungen sowie eventuelle Druckfehler keine Haftung.

1. Auflage 2020

ISBN: 978-3-940217-31-8
www.thiemo-graf-verlag.de

Umschlaggestaltung: Katharina Ploog, Berlin
Layout: Verena Kiesel, Berlin
Satz: LMG Kopenhagen
Druck und Bindung: Druckerei Lokay e.K., Reinheim
Printed in Germany.

Inhaltsverzeichnis

Der Fahrradverlag

Der Thiemo Graf Verlag ist Deutschlands Fahrradverlag. In das Verlagsprogramm werden ausschließlich hochwertige Publikationen zum Radverkehr aufgenommen und umweltschonend produziert. Ein Schwerpunkt sind Fachbücher für Kommunen, Planungsbüros und interessierte Laien. Als Fachbuchhandel hat das Unternehmen auch ausgewählte Titel anderer Verlage im Programm. Für die Radverkehrsförderung können Städte, Gemeinden und Landkreise auf weitere Produkte und Dienstleistungen zurückgreifen, darunter Marketingmaterial oder Beschilderungsmaterial zur Kennzeichnung von Hauptrouten des Radverkehrs.

www.fahrradverlag.de

Vorwort

Sehr geehrte Kolleginnen und Kollegen,

die Vorteile des Rads liegen auf der Hand. Radfahren ist gesund, günstig und macht Freude. Kommunen gewinnen an Lebensqualität, profitieren von Verkehrsentlastung oder touristischer Wertschöpfung. Nicht zuletzt tragen Radfahrer zu einer nachhaltigen Stadtentwicklung bei.

Auch in Sonthofen wird gerne und immer geradelt. Sonthofen ist fahrradfreundliche Kommune in Bayern, war Gastgeber von verschiedenen Radveranstaltungen wie der Deutschlandtour, der BR-Radltour und ist Austragungsort des Zötler Gold Race. Sonthofen ist ein beliebtes Ziel für Gäste mit Rad. Nicht zuletzt verlaufen durch die Stadt beliebte Radrouten wie der Bodensee-Königssee-Radweg.

Gleichzeitig erwarten Bürger, Familien, Schüler, Senioren und Gäste eine sichere und attraktive Radinfrastruktur.

Ein attraktives Radangebot ist natürlich nicht immer konfliktfrei, wenn das Rad mehr Raum bekommen soll. Dann beginnt die eigentliche Arbeit. Probleme müssen gelöst und Entscheidungen ausgehandelt werden. Voraussetzung für mehr Radverkehr ist deshalb eine klare politische Idee und ein langer Atem. Ihr Engagement als Bürgermeister oder Landrat ist dafür unverzichtbar.

Thiemo Graf zeigt Ihnen auf wenigen Seiten und ganz praktisch, wie die „Fahrradstadt" gelingen kann.

Ich wünsche Ihnen viel Freude und Inspiration beim Lesen!

Ihr

Christian Wilhelm

Erster Bürgermeister der Stadt Sonthofen und stellv. Vorstand der AGFK Bayern e.V.

Sie machen den Unterschied!

Dieses Buch habe ich für (Ober-) Bürgermeister geschrieben. Nach meinen Fachpublikationen für die Radverkehrsbeauftragten, Bauingenieure und Verkehrsplaner dieser Welt, ist die Zeit reif für einen Leitfaden, der sich an jene richtet, die als Chef der Verwaltung Weichen stellen und Mehrheiten organisieren können. Aus meiner täglichen Arbeit mit Städten, Gemeinden und Landkreisen weiß ich nur zu gut: Wenn die Bürgermeisterin, der Bürgermeister, die Steigerung des Radverkehrsanteils aktiv und ernsthaft unterstützt und – neben all den wichtigen Themen, die in einer Kommune sonst noch auf der Agenda stehen – entsprechend hoch priorisiert, dann geht etwas voran. Dann kann die Stunde der Fachleute schlagen, um die politische Zielvorstellung auch Realität werden zu lassen.

Mit dem Buchtitel „Fahrradstadt“ ist ein Anspruch verbunden. Der Begriff der Fahrradstadt ist bislang nirgendwo offiziell definiert. Dennoch werden auch Sie automatisch etwas damit in Verbindung bringen und vor Ihrem geistigen Auge wird sich ein Bild formen. Vielleicht werden Sie an Münster denken, an Amsterdam, Utrecht oder Kopenhagen. Zu Recht, sicher. Das sind Fahrradstädte. Aber dies wäre merklich zu kurz gegriffen.

Ich beschreibe Fahrradstadt so: „In einer Fahrradstadt sitzt der Querschnitt der Bevölkerung im Sattel.“ Das klingt unspektakulär, ich weiß. Sie mögen sich da mehr erwartet haben, mehr Kopenhagen, mehr Lifestyle, mehr Wumms. Fahrradstadt ist im Grunde unspektakulär. Fahrradstadt ist, wenn Sie Ihre 12-jährige Tochter oder Ihren 80-jährigen Vater mit einem guten Gefühl auf dem Fahrrad durch die Stadt oder in die Nachbargemeinde fahren lassen – und wenn Sie selbst ihren Alltag ganz selbstverständlich mit dem Fahrrad bestreiten. Querschnitt eben. Keine der etablierten Fahrradstädte ist eine Fahrradstadt, weil dort nur die jungen männlichen Mittzwanziger, die tendenziell risikobereiter und sportlicher sind, im Sattel sitzen. Oder weil nur bei Sonnenschein Rad gefahren wird. Fahrradstadt bedeutet, das Fahrrad als das zu erkennen und zu behandeln, was es ist: ein Verkehrsmittel. Ein Verkehrsmittel muss Menschen von A nach B bringen können, und zwar unabhängig von Tages- oder Nachtzeit, Witterungsbedingungen, persönlicher Risikobereitschaft oder der individuellen Fähigkeiten. Ein Verkehrsmittel muss also inklusiv sein; deshalb gibt es Behindertenparkplätze, Blindenleitsteine im Fußverkehr oder barrierefreie ÖPNV-Haltestellen. Im Radverkehr geht es insbesondere um durchgehende Radverkehrsnetze mit weitgehender Trennung vom Kfz-Verkehr.

Dieses Buch ist ein Werkzeugkasten. Aus ihm können Sie sich nach eigenem Ermessen bedienen. Die operativen Maßnahmen habe ich den „Vier Säulen der Radverkehrsförderung" (Infrastruktur, Information, Service und Kommunikation) zugeordnet. Eine

weitere Systematisierung gibt es bewusst nicht. Jede Maßnahme kann unabhängig von anderen realisiert werden. Blättern Sie, lesen Sie was interessant erscheint und setzen Sie möglichst viele Ideen um.

Entscheidend für die Frage, ob aus Ihrer Kommune in ein paar Jahren tatsächlich eine Fahrradstadt, eine Fahrradgemeinde oder ein Fahrradlandkreis geworden ist, sind die strategischen Rahmenbedingungen. Diese setzt die Kommunalpolitik mit Ihren Richtungsentscheidungen und Priorisierungen. Der strategische Rahmen ermöglicht ein bestimmtes Verwaltungshandeln (und das externer Büros) oder er verhindert ein solches. Als Bürgermeister oder Bürgermeisterin können Sie so Ermöglicher oder Verhinderer sein. Es liegt an Ihnen.

Mit diesem Buch haben Sie vielleicht nicht alle, aber zumindest die wichtigsten Handlungsempfehlungen parat, um die strategischen Weichen pro Fahrradstadt zu stellen – kurz und kompakt auf wenigen Doppelseiten. Sie erfahren dabei, welche Gründe Menschen dazu veranlassen, das Fahrrad im Alltag zu nutzen. Sie erfahren, an welchen vier strategischen Stellschrauben jene Städte gedreht haben, die heute einen hohen bis sehr hohen Radverkehrsanteil vorweisen können – bei denen also der Proof of Concept erfolgreich war. Und Sie erhalten aufbauend hierauf acht Empfehlungen, was Sie tun können, damit auch Sie Fahrradstadt werden.

Ich wünsche Ihnen von Herzen, dass Sie und Ihr Team dem Radverkehr einen ordentlichen Rückenwind verschaffen werden. Radverkehrsförderung ist mühsam, oft gibt es Rückschläge und Sie müssen jede Menge Hindernisse aus dem Weg räumen – aber wenn Sie das nicht machen, dann macht es niemand! Sei machen den Unterschied! Den Unterschied, ob wir weiterhin von der Generation Rücksitz sprechen oder von der Generation Fahrradsattel; ob wir weiterhin der Stau sind oder entspannt mit dem Fahrrad an unserem Ziel ankommen; ob Ihre Bürger weiterhin Pfadfinder sein müssen, um sich als Radfahrer zu ihrem Ziel durchzuschlagen oder ob sie ganz selbstverständlich die Veloroute 2 zur Arbeit nehmen. Nur Mut, die Bürgerinnen und Bürger sind meistens fortschrittlicher, als Sie denken.

Ihr

Thiemo Graf

Gründe für das Radfahren

Warum fahren Menschen Fahrrad? Die Antwort auf diese Frage könnte ja ein wertvolles Indiz dafür sein, wie Städte, Gemeinden und Landkreise bei sich vor Ort mehr Menschen zum Radfahren motivieren und damit Mobilitätsverhalten verändern können.

Spannenderweise gibt es zwei jeweils repräsentative Befragungen, die diese Frage stellen: Der Fahrradmonitor für Deutschland und der Copenhagen Bicycle Account für Kopenhagen, der selbst ernannten Fahrradhauptstadt Europas. Beide Bevölkerungsumfragen werden alle zwei Jahre durchgeführt. Die Deutschen sagen demnach, sie fahren Fahrrad weil es gesund, umweltschonend und günstiger ist – also genau die Gründe, die deutsche Radverkehrsplaner und Marketingmenschen seit Jahren in bunten Flyern in die Welt hinausrufen und die in Aktionen wie „Stadtradeln“ (Klima-Bündnis) oder „Mit dem Rad zur Arbeit“ (AOK) münden.

Im Vergleich mit Kopenhagen zeigt sich: Überspitzt formuliert ist den Dänen die Umwelt egal – zumindest als Motivation, das Fahrrad im Alltag zu nutzen. Die Kopenhagener sagen, dass Radfahren in Kopenhagen sicher ist (77 %); neben diesem hohen Sicherheitsgefühl sind vor allem drei Faktoren relevant: Radfahren ist in Kopenhagen schneller, einfacher und bequemer (verglichen mit anderen Verkehrsmitteln)[1]. Das ist logisch: Kaum jemand fährt dauerhaft Fahrrad, um etwas für die Umwelt zu tun, wenn es zu viel Zeit kostet, umständlich ist oder gar Angst hervorruft. Wohl aber, wenn es unmittelbare, spürbare Vorteile bringt – eben schneller, einfacher und bequemer sein Ziel zu erreichen.

[1] *The Copenhagen Bicycle Account 2018*

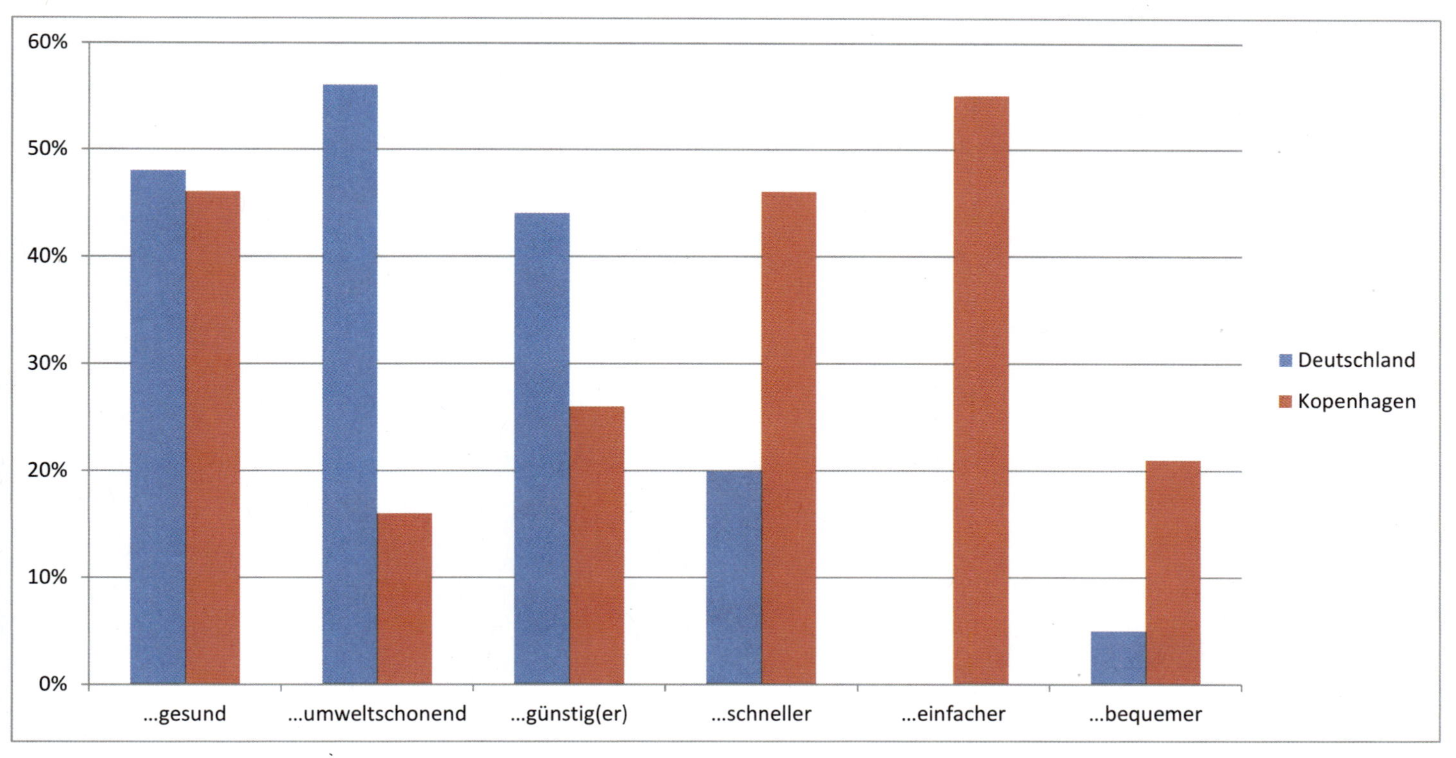

Befragungsergebnisse Die Deutschen fahren Fahrrad, weil es umweltschonend und gesund ist, die Kopenhagener weil es einfacher, schneller und bequemer ist.

Die 4 Gemeinsamkeiten erfolgreicher Fahrradstädte

Auch die bekannten Fahrradstädte in Europa hatten sich ab den 1950er-Jahren zu autoorientierten Städten entwickelt. Jedoch hat sich jede von ihnen zu einem bestimmten Zeitpunkt dazu entschieden, Radverkehr zu fördern und den Autoverkehr zu reduzieren. Die Wege zu diesem Ziel waren durchaus sehr unterschiedlich. An vier Stellschrauben haben sie jedoch alle gedreht. Setzen auch Sie genau hier an!

1 Kommunale Mobilitätsstrategie

Fahrradstädte sind nicht vom Himmel gefallen. Nirgendwo. Nicht in Dänemark, nicht in Deutschland und nicht in den Niederlanden, der weltweit führenden Fahrradnation. Ende der 1960er-Jahre waren niederländische Städte genauso autofreundlich wie jene in Deutschland es waren (und mitunter noch sind). Die gute Nachricht lautet also: Fahrradstadt kann man werden. Die schlechte Nachricht dabei: Sie müssen dafür etwas tun. Was wir von erfolgreichen Fahrradstädten lernen können, ist: Sie alle haben durch eine hochwertige Radinfrastruktur sehr gute Bedingungen für Radfahrer geschaffen. Wenn Sie im bebautem Raum, in dem der Platz bereits verteilt ist, einen attraktiven Radweg oder eine komfortable Fahrradstraße schaffen wollen, heißt das aber immer: Sie müssen Flächen neu verteilen und diese kommen zwangsläufig vom Auto, denn es nimmt mit Abstand den meisten Raum ein: Die Konsequenz sind weniger Parkplätze, weniger Fahrspuren oder Sperren (modale Filter) in Wohngebieten, um Kfz-Verkehr herauszuhalten und auch um Wege für Autos zu verlängern. Radverkehr wird also nicht isoliert gefördert, sondern es werden parallel Einschnitte beim Kfz-Verkehr vorgenommen; erstens geht es nur so und zweitens bewirken die gleichzeitigen Push & Pull-Maßnahmen auch eines: Das Verkehrsmittel Fahrrad wird im Vergleich (!) zum Auto attraktiver – weil sich Radfahren plötzlich genauso sicher anfühlt, aber einfacher, schneller und bequemer ist. Immer mehr Städte verknüpfen dabei Mobilität und Stadtentwicklung. Beispielsweise hat Paris die „15-Minuten-Stadt“ ausgerufen. Alle Alltagsziele sollen in 15 Minuten zu Fuß oder mit dem Rad erreichbar sein, sodass die Bewohner viel leichter auf ein (eigenes) Auto verzichten können.

Ganzheitlicher Ansatz In Houten sind Stadtstruktur und Verkehrssystem darauf ausgelegt, dass kurze Wege zu Fuß oder mit dem Fahrrad zurückgelegt werden.

2 Intuitives Radverkehrsnetz

„Cycling in Copenhagen is so easy" (dt. Radfahren in Kopenhagen ist so einfach) – das war die häufigste Antwort der Kopenhagener auf meine Frage, weshalb sie Fahrrad fahren. Bei meinen Reisen in Fahrradstädte habe ich die Frage nach dem Warum immer wieder gestellt und dieselbe Antwort sinngemäß genauso in anderen Ländern und Städten erhalten. In einer Fahrradstadt wird Radfahren leichtgemacht. Sie müssen das Fahrrad nicht erst aus dem Fahrradkeller mühsam nach oben bugsieren oder Pfadfinder sein, um den besten (sichersten) Weg von A nach B zu finden. Einschneidend war das Erlebnis, mich selbst in der Großstadt Kopenhagen einfach auf das Rad setzen und der Nase nach fahren zu können – und dabei immer auf einem Radnetz unterwegs zu sein, auf dem ich mich sicher fühle und das ich auch ohne Ortskenntnisse ganz intuitiv nutzen kann, weil es durchgehend ist und es baulich so gestaltet wurde, dass ich ihm ganz einfach folgen kann. Ein intuitives Radverkehrsnetz gehört zwingend zu einer Stadt, die den Anspruch hat, eine Fahrradstadt zu sein.

Bei einem Blick auf bekannte Vorreiter wie Kopenhagen, Utrecht, Zwolle oder Amsterdam (niederländische Städte sind hier das Maß der Dinge), fällt besonders auf, dass diese Städte Radverkehr als System denken und die Infrastruktur entsprechend planen. So wird die Zahl der Führungsformen im Stadtgebiet auf ein Minimum begrenzt und eine Führungsform im Streckenverlauf beibehalten. Bei der Gestaltung wird auf eine Wiedererkennbarkeit geachtet, beispielsweise durch eine wiederkehrende Materialwahl. Diese einheitliche Führung und Gestaltung sorgt ganz wesentlich dafür, dass alle Verkehrsteilnehmer die Infrastruktur „lesen" können.

Beginn/Ende einer Fahrradstraße Die Schnittstelle zwischen Fahrradstraße und Radweg ist für alle Verkehrsteilnehmer intuitiv. Der Radverkehr hat hier Vorrang.

3 Separiertes Radverkehrsnetz

Bei der Recherche für mein erstes Buch bin ich über ein Zitat des US-Journalisten Peter Jordan im Guardian gestolpert. Er schrieb über die niederländische Planungsphilosophie: „Anstatt die Verantwortung den Radfahrern zu geben, sich [durch Helme und Warnwesten] selbst zu schützen, liegt die Verantwortung in Amsterdam bei der Gesellschaft, sichere Bedingungen zum Radfahren zu gewährleisten." Die Folge dieser Philosophie in den Niederlanden ist eine Radinfrastruktur, die heute für (fast) alle geeignet ist – egal welcher Altersgruppe sie angehören oder über welche (kognitiven) Fähigkeiten sie verfügen. Die Infrastruktur wird dabei als so sicher wahrgenommen, dass Sie (deutsche) Touristen an ihren Fahrradhelmen erkennen können – alle Einheimischen fahren nämlich ohne, selbst Familien mit Kindern. Anders bei uns: Jede, aber auch wirklich jede seriöse Umfrage zum Thema in Deutschland zeigt seit Jahren eines: Die meisten Menschen fühlen sich unsicher, wenn sie gemeinsam mit Autos und Lastwagen auf den Straßen zurechtkommen müssen. An allererster Stelle der Wunschliste steht immer: Baut mehr Radwege! (Da steht nicht: Malt mehr Radstreifen auf die Fahrbahn).

Alle Städte mit einem hohen Radverkehrsanteil haben ein Radnetz realisiert, dass Radfahrer weitgehend vom Kfz-Verkehr trennt – durch bauliche Radwege, Fahrradstraßen mit Sperren für den Kfz-Durchgangsverkehr oder geschützte Radfahrstreifen und Kreuzungen. Spricht man mit örtlichen Verkehrsplanern und Politikern über die Erfolgsfaktoren, so gilt die Trennung als eine conditio sine qua non – eine unabdingbare Voraussetzung für eine Fahrradstadt.

Das Fahrrad als Verkehrsmittel In einer Fahrradstadt sitzen ganz normale Leute in ganz normaler Kleidung auf ganz normalen Fahrrädern. Alles ganz normal.

Kurze Fahrzeiten

Kopenhagen ist bekanntlich eine Stadt am Wasser. So reizvoll sich der Kanal mit seinen Seitenarmen Einheimischen und Besuchern auch präsentiert, so mühsam macht(e) er die Bemühungen der Stadt, Verkehr auf das Fahrrad zu verlagern. Denn Barrieren wie Gewässer, Schienenverbindungen oder Autobahnen durchschneiden Städte. Dadurch verlängern sie Wege und auch Fahrzeiten. Ein wesentlicher Grund für den Erfolg Kopenhagens als Fahrradstadt liegt darin begründet, dass die dänische Hauptstadt das Fahrrad zum schnellsten Verkehrsmittel gemacht hat. Neben einem durchgehenden Radverkehrsnetz oder grüner Welle auf einzelnen wichtigen Radachsen sind in den letzten Jahren vor allem Radfahr-Brücken entstanden – über das Hafenbecken, seine Seitenarme und auch über stark befahrene Straßen.

Etablierte und aufstrebende Fahrradstädte nutzen zwei Möglichkeiten zur Verkürzung der Fahrzeiten: Sie schaffen erstens direkte, kurze Wege, z.B. durch Abkürzungen, modale Filter, Unter- und Überführungen. Und zweitens sorgen sie für einen besseren Verkehrsfluss (des Fahrrads), z.B. durch getrennte Radwege, bevorrechtigte, Fahrradstraßen, fahrradfreundliche Ampelschaltungen – und Radschnellwege. Es geht dabei ausdrücklich nicht darum, möglichst hohe Geschwindigkeiten anzustreben. Im Radverkehr ist das Potenzial dafür ohnehin sehr begrenzt. Der Fokus liegt darauf, durch eine Minimierung von Stopps sowie einer Verkürzung von Wartezeiten die Durchschnittsgeschwindigkeit (!) zu erhöhen, also die Reisezeit zu verringern (dies ist auch das primäre Ziel von Radschnellwegen). Kurze Fahrzeiten heißt übrigens: Kürzere Fahrzeiten im Vergleich zum Auto. Vor allem das ändert Verhalten!

Radverkehrsunterführung Auf dieser Hauptradroute bei Nimwegen können Radfahrer die stark befahrene Hauptverkehrsstraße sicher und schnell queren.

Strategische Maßnahmen

1 Anspruch

Formulieren Sie schriftlich, welchen Anspruch Sie an die eigene Radverkehrsförderung und -planung haben und kommunizieren Sie diesen nach innen und außen – und zwar so klar und verständlich, dass jeder weiß, welches Ziel Sie verfolgen und sein eigenes Tun daran ausrichten kann.

Was ist mit Anspruch konkret gemeint? Es geht darum, dass Sie für sich zunächst klären, was Sie mit Ihrem Engagement für den Radverkehr erreichen möchten. Vereinfacht gesagt, gibt es zwei Enden des Spektrums: Sie können einerseits den Anspruch haben, Radfahren für diejenigen sicherer, attraktiver und besser zu machen, die heute schon Radfahren. Sie pflegen also einfach ihre bestehende Zielgruppe. Wenn das Ihr Bestreben ist, genügen in vielen Fällen auch recht unambitionierte Maßnahmen, denn Ihr Anspruch ist gering. Andererseits könnten Sie auch einen hohen Anspruch haben, nämlich deutlich mehr Menschen für das Radfahren gewinnen zu wollen (Mobilitätswende). Dann müssen Sie Ihre bestehende Zielgruppe erweitern, also Personengruppen motivieren, die Sie mit Ihren bisherigen Maßnahmen noch nicht erreicht haben, weil diese andere Bedürfnisse haben. Das wichtigste Bedürfnis: die gefühlte Sicherheit. Wer Angst hat, fährt nicht Fahrrad!

Darf ich vorstellen? Das Mädchen in der Zeichnung ist Laura, zehn Jahre alt. Überlegen Sie einfach immer, ob Ihre Maßnahmen geeignet sind, dass Laura dort sicher Radfahren kann – egal ob man Ihnen den Bebauungsplan für ein neues Quartier auf den Tisch legt oder den für einen tollen Radschutzstreifen. Für Laura zu gefährlich? Zurück auf Los und neu planen! Wenn Ihre Infrastruktur für Laura passt, passt sie auch zu (fast) allen anderen. Dann können Sie loslegen und bauen.

Laura, 12 Jahre Ist Ihre Radinfrastruktur auch für Laura geeignet?

2 Ziele

Setzen Sie sich konkrete Ziele.

Wer keine Ziele hat, arbeitet vor sich hin. Wer Ziele hat, arbeitet dagegen auf etwas hin. Das ist ein gewaltiger Unterschied – vor allem, wenn wir über Verkehrsplanung reden, wo wir oft mit langen Umsetzungszeiträumen, kostenintensiven Maßnahmen oder erheblichen Widerständen und Emotionen zu tun haben. Wenn Sie klare Ziele formulieren und bekannt machen, geben Sie allen Beteiligten Orientierung: den Bürgern genauso wie anderen Fachstellen oder den eigenen Mitarbeitern im Rathaus. Ziele – richtig formuliert und als verbindlich kommuniziert – sorgen dafür, dass sich nicht nur der oder die Fahrradbeauftragte verantwortlich fühlt, sondern alle Ämter und Fachbereiche im Haus. Der Radverkehr wird damit von einer Einzel- zu einer Querschnittsaufgabe. Sie dokumentieren damit, dass Sie als Chef bzw. Chefin der Verwaltung den Ausbau des Radverkehrs persönlich unterstützen und priorisieren. Diese Vorbildfunktion ist wichtig (schaffen Sie sich doch am besten auch ein Dienstrad an und legen dienstliche Fahrten mit dem Rad zurück). An Zielen können Ämter, Fachbereiche und auch einzelne Mitarbeiter gemessen werden.

Zunächst entwickeln Sie eine übergeordnete Idee, eine Vision. Günzburg hat sich für „Fahrradstadt 2025“ entschieden, Sonthofen für die „Radstadt Sonthofen“ und Lindau für „Radeln von 8 bis 80.“ Brechen Sie diesen „Slogan" dann auf „smarte“ Planungsziele herunter. Jedes Ziel muss spezifisch, messbar, attraktiv, realistisch und terminiert sein und die Zielerreichung evaluiert werden. Ein Ziel nach der Smart-Formel könnte lauten: „Bis zum Jahr 2025 werden 45% der innerstädtischen Wege mit dem Fahrrad zurückgelegt.“ Das ist spezifisch, messbar, attraktiv, realistisch und zeitlich terminiert.

Pop-up-Radweg in Berlin Eine Woche planen, eine Woche bauen. Mit dieser konkreten Zielsetzung hat Berlin Anfang 2020 viele Kilometer provisorischer Radwege umgesetzt.

3 Quick build-Strategie

Etablieren Sie schnelle Entscheidungs-, Planungs- und Umsetzungsprozesse, um Radinfrastruktur in kurzer Zeit und einem signifikanten Umfang zu realisieren (Quick build-Strategie). Wenn Sie auf die herkömmlichen Abläufe vertrauen, kann es Jahre dauern, bis Sie die ersten Maßnahmen umgesetzt haben.

Für Ihren Erfolg sind zwei Faktoren zentral: (1) Standards: Machen Sie sich noch vor dem ersten Projekt einmal die Arbeit und definieren Sie die Standards für die Gestaltung der Radinfrastruktur. Diese können Sie beispielsweise in Musterlösungen festhalten und Planern dann in die Hand drücken. (2) Entscheidungswege: Setzen Sie an einer zentralen Stelle (z.B. Stabstelle mit direkter Zuordnung zum Bürgermeisteramt) eine verantwortliche Person ein, die befugt ist, Entscheidungen zu treffen. Diskussionen zwischen Ämtern und Fachabteilungen können gute Projekte ansonsten ewig verzögern.

Machen Sie allen Beteiligten dabei klar, dass Schnelligkeit Trumpf ist. Damit gewinnen Sie die Menschen in Ihrer Stadt für das Radfahren! Natürlich muss die Planung Hand und Fuß haben, der Drang nach Perfektion ist hier aber fehl am Platz. Bei Bedarf kann später immer noch nachjustiert werden. Erlauben Sie deshalb ausdrücklich, dass auch einmal Fehler gemacht werden dürfen. Es handelt sich schließlich um einen dynamischen Prozess, in dem Sie alle jeden Tag hinzulernen. Als sehr sinnvoll hat es sich erwiesen, wenn Sie eigene Trupps haben, die Sie losschicken können. Mit der richtigen Ausstattung kann auch der örtliche Bauhof die Fahrbahn rot färben und Poller setzen, um eine Fahrradstraße umzusetzen.

Fahrradstraße Mit ein wenig Farbe und Sperrpfosten machen Sie aus jeder Erschließungsstraße eine solide Fahr-adstraße. Aufwändig umbauen können Sie später immer noch.

Radhauptnetz

Setzen Sie innerhalb von fünf Jahren ein zusammenhängendes und im Verkehrsraum klar erkennbares Netz an Hauptradrouten um. Ziel ist dabei, dass Ihre Bürgerinnen und Bürger auf festgelegten und sichtbaren Trassen schnell und möglichst direkt von A nach B kommen.

Radhauptrouten (oft auch: Radvorrangrouten, Raddirektrouten, Velorouten, Hauptradrouten) sind das Rückgrat eines jeden Radverkehrsnetzes; sie sind sozusagen das, was Hauptstraßen für den Kfz-Verkehr sind. Deshalb werden an Radhauptrouten auch höhere Qualitätsanforderungen gestellt: Sie sollten (1) ... breit genug sein, damit sich Radfahrer untereinander überholen oder auch nebeneinander fahren können. (2) ... möglichst durchgehend Vorrang bekommen bzw. Stopps und Zeitverluste minimieren. (3) ... für alle Verkehrsteilnehmer als Trasse durchgehend erkennbar sein. (4) ... möglichst physisch getrennt von Kfz- und Fußverkehr verlaufen. (5) ... alle wichtigen Quellen und Alltagsziele unmittelbar erschließen. Grundsätzlich gilt: Alle Hauptrouten zusammen ergeben ein in sich geschlossenes Netz. Sie werden durch Nebenrouten ergänzt.

In fünf Jahren können Sie mit vorwiegend schnellen und einfachen Maßnahmen ein Radhauptnetz aufbauen. Dieses „Startnetz“ kann nur der Anfang sein. Danach geht es weiter – mit den größeren, langfristigen Bauvorhaben in diesem Radhauptnetz und den weiteren Radrouten in der Kommune.

Nutzen Sie bauliche Möglichkeiten, Markierungen und das Hauptroutenlogo (www.routenlogo.de), um die Routen gut sichtbar zu machen und dafür zu sorgen, dass die Wegeführung intuitiv und logisch ist.

Hauptroute Bevorrechtigte Fahrradstraßen sind ein Schlüsselinstrument, um schnell ein sicheres und attraktives Netz an Radhauptrouten aufzubauen.

Radfahren schnell machen

Sorgen Sie dafür, dass Radfahrer schneller zu ihrem Ziel kommen – schneller im Vergleich zu heute und vor allem schneller im Vergleich zum Auto. Nur wenn das Fahrrad auf den relevanten Alltagswegen das schnellste Verkehrsmittel ist, bekommen Sie die Leute in den Sattel.

Es ist doch so: Bei der Bewältigung des Alltags verfügt jeder Mensch über ein bestimmtes Zeitbudget, das er für das Zurücklegen seiner Wege aufwenden kann. Nach der Arbeit noch schnell einkaufen? Puh, da darf der Arbeitsweg höchstens 20 Minuten lang sein, damit das noch funktioniert. Und es gibt auch ein individuelles Zeitbudget, das für bestimmte Alltagswege akzeptiert wird. Eine halbe Stunde Fahrzeit zur Arbeit? Ist für viele noch okay. Eine halbe Stunde zum Supermarkt? Um Himmels willen, nein! Das Prinzip ist denke ich klar... Wenn Sie Radfahren in ihrer Stadt schnell(er) machen, werden plötzlich mehr Alltagswege fahrradtauglich!

Ein ganz großer Hebel ist allerdings das menschliche Gehirn: Wir fühlen uns gut, wenn wir schnell und auf direktem Weg zu unserem Ziel kommen. Richtig cool ist es für uns, wenn wir dabei auch das Gefühl haben, das richtige (schnellste) Verkehrsmittel gewählt zu haben. Machen Sie das Fahrrad also nicht nur tatsächlich zum schnellsten Verkehrsmittel, sondern erzeugen Sie durch eine ausgezeichnete Gestaltung der Radinfrastruktur und restriktive Maßnahmen beim Kfz-Verkehr auch dafür, dass dies so wahrgenommen wird. Genau deshalb investieren erfolgreiche Fahrradstädte massiv in neue Fahrradbrücken und -unterführungen, ein bevorrechtigtes Radhauptnetz, Fahrradstraßen, grüne Welle an Ampeln, glatte Radwege, eine Stadtplanung der kurzen Wege oder errichten modale Filter.

Vorfahrt für das Rad Bevorrechtigte Radachsen sorgen für kurze Reisezeiten und machen das Radfahren attraktiv.

10-Minuten-Stadt

Richten Sie Ihre Stadtplanung nach dem Prinzip der Minuten-Stadt aus.

Die Minuten-Stadt ist ein Konzept, das Verkehrs- und Stadtplanung miteinander verbindet. Die konkrete Idee: Die Menschen sollen sämtliche Alltagswege innerhalb einer bestimmten Zeitspanne erreichen können, egal, ob sie zur Arbeit, zum Einkaufen, zur Schule oder zum Sport gehen – und zwar ohne Auto. Eine 15-Minuten-Stadt bedeutet, dass die Distanzen zu den Zielen bis zu drei Kilometer betragen können, um mit dem Fahrrad erreichbar zu sein – bei einem gut ausgebauten Netz mit priorisierten Radhauptrouten auch etwas mehr. Die Minuten-Stadt bedeutet eine teilweise Abkehr vom langjährigen Prinzip der funktionalen Trennung einer Stadt, demzufolge Mischnutzungen reduziert und Städte in Wohngebiete, Gewerbegebiete etc. aufgeteilt werden, was für die Nutzer mehr und längere Wege bedeutet.

Konzentrieren Sie sich bei der Umsetzung auf jene Faktoren, die Sie als Kommune beeinflussen können: gemischte Nutzung von Wohnen und Einzelhandel statt Einkaufszentren auf der grünen Wiese; ein engmaschiges Radverkehrsnetz mit bevorrechtigten Radhauptrouten in Kombination mit Einschränkungen beim Kfz-Verkehr (z.B. modale Filter, Einbahnstraßen, weniger Parkmöglichkeiten); Vermeidung von Arbeitswegen durch Co-Working-Räume oder bessere Breitbandversorgung; dezentrale Errichtung öffentlicher und sozialer Einrichtungen; ...

Ob Paris, Bocholt oder Karlsruhe, die Minuten-Stadt ist bereits Planungsgrundlage zahlreicher Kommunen. Für kleinere und mittlere Städte und Gemeinden kann sich die 7-Minuten- oder 10-Minuten-Stadt anbieten.

Transformation Das Prinzip der Minuten-Stadt erfordert eine systematische Planung und Umsetzung.

7 Quartiersplanung

Planen Sie neue Quartiere so, dass die Bewohner ihre Wege ganz selbstverständlich zu Fuß, mit dem Fahrrad oder dem ÖPNV zurücklegen und gestalten Sie Bestandsquartiere entsprechend um.

Die bebaute Umwelt entscheidet das Mobilitätsverhalten. Wenn Sie Straßen und Parkplätze bauen, wird Auto gefahren. Errichten Sie Radwege und Radabstellanlagen, treten die Menschen in die Pedale. In der Planung können Sie die Prioritäten so verschieben, dass es für die Bewohner attraktiver ist, für Wege bis zu mehreren Kilometern Rad zu fahren. Über Vorgaben im Bebauungsplan oder städtebauliche Verträge können Kommunen im Neubau die richtigen Rahmenbedingungen setzen. Planen Sie Kfz-Parken zentral am Quartiersrand und verzichten Sie im Quartier auf sämtliche Parkstände (auch auf Privatgrundstücken). Verhindern Sie Durchgangsverkehr durch modale Filter. Entsprechend schmal können die Straßen und Wege im Quartier ausfallen. Stattdessen priorisieren Sie Radfahrer, Fußgänger und den ÖPNV. Erschließen Sie das Gebiet durch breite Radhauptrouten und binden Sie diese an das städtische Radnetz an. Denken Sie daran, dass es viele kleine, vom Fußverkehr getrennte Radwege zu allen Gebäuden braucht, ebenso wie sichere Radabstellanlagen für jeden Bewohner. Die Infrastruktur muss nutzbar sein, bevor die ersten Bewohner die Wohnungen beziehen, da sich nach einem Umzug Mobilitätsmuster (neu) herausbilden. Achten Sie darauf, durch kleine Vorgärten sanfte Übergänge zwischen öffentlichen Wegen und dem privaten Raum zu schaffen und Aufenthaltsflächen einzuplanen. Beides erhöht die Lebens- und Aufenthaltsqualität enorm. Bei Bestandsquartieren nutzen Sie u.a. modale Filter, reduzieren das öffentliche Parkangebot und errichten ein Radnetz.

Lebenswert Im Freiburger Quartier Vauban parken die Privatfahrzeuge in einer Sammelgarage am Rand, für das Zusammenleben ergeben sich dadurch ganz neue Möglichkeiten.

8 Flächenverteilung

Stellen Sie für Fußgänger, Radfahrer und Aufenthaltsplätze neue Flächen zur Verfügung.

Nach Jahrzehnten der autoorientierten Stadt- und Verkehrsplanung sind Straßen und Wege überfüllt mit fahrenden oder parkenden Fahrzeuge und damit einer Nutzung durch die Menschen entzogen. Das Leben spielt sich woanders ab. Im Jahr 2014 hat der Aktivist und spätere Initiator des Volksentscheid Fahrrad, Heinrich Strößenreuther, in einer Untersuchung mit Studierenden am Beispiel Berlin gezeigt, dass für den Kfz-Verkehr 19 Mal mehr Flächen zur Verfügung stehen, als für den Radverkehr, der nur 3 % der Flächen zur Verfügung hat. Ähnlich dürfte das Ergebnis auch woanders ausfallen. Aus der Sozialwissenschaft wissen wir, dass Verhaltensänderungen durch äußere Anreize angestoßen werden, also Veränderungen der bebauten Umwelt. In der Mobilität sind das z.B. mehr Radwege, attraktive Gehwege, weniger Parkplätze für Autos oder mehr Grünflächen. In bebauten Gebieten funktioniert das nur, wenn der vorhandene Raum anders verteilt wird. Die Entscheidung liegt bei der Kommunalpolitik, die vorgeben muss, welche Verkehrsträger (zukünftig) welche Fläche in Anspruch nehmen dürfen. Dabei ist es nicht nur legitim, sondern auch die Pflicht der Kommune, sich über Veränderungen Gedanken zu machen und Maßnahmen zu ergreifen, knappe Flächen gerechter zu verteilen. In Kopenhagen gibt es auch deshalb immer mehr Platz für Fußgänger, Radfahrer, Grün- und Aufenthaltsflächen, weil die Stadt genau das gemacht hat und jedes Jahr ein paar Prozent der Fläche für den Kfz-Verkehr umwandelt und für andere Nutzungen bereitstellt. Eine solche strategische Grundsatzentscheidung kann auch jede Stadt oder Gemeinde in Deutschland treffen und umsetzen.

Umverteilt Auf der Nørrebrogade hat die Stadt Kopenhagen die Autos weitgehend verbannt. Den Raum teilen sich Fußgänger, Radfahrer und der ÖPNV.

Operative Maßnahmen

1 Ampeltrittbretter

infrastruktur

Machen Sie Radfahrern den Halt an roten Ampeln möglichst einfach, indem Sie neben der Aufstellfläche des Radverkehrs Ampeltrittbretter installieren. Dabei handelt es sich um eine Stahlkonstruktion, an der sich Radfahrende im Stand mit einer Hand festhalten oder aber einen Fuß bequem aufstellen können. Die Füße müssen bei beiden Varianten nicht auf dem Boden abgestützt werden. Der Halt ist dadurch komfortabler und das Anfahren wird erleichtert. Ampeltrittbretter sind daher auch ein Zeichen, das die Wertschätzung für den Radverkehr ausdrückt. Nach Möglichkeit sollte die Stahlkonstruktion in ihrer Länge so dimensioniert sein, dass sie auch von zwei Radfahrern gleichzeitig genutzt werden kann.

Eine abgespeckte und bislang noch weiter verbreitete Variante sind die (meist gelben) Ampelgriffe. Diese U-förmigen Griffe werden vertikal an einen Ampelmast geschraubt, so dass sich ein einzelner Radfahrer an ihm festhalten kann. Der Komfort und die Akzeptanz sind dabei deutlich geringer als bei den hochwertigeren Ampeltrittbrettern.

Wertschätzung Ampeltrittbretter für Radfahrer an einer Lichtsignalanlage

2 Asphaltierung wassergebundener Decken

infrastruktur

Versehen Sie alle wassergebundenen Decken („Schotterwege“) mit einer Asphaltdeckschicht, wenn es sich dabei um Verbindungen für den Alltagsradverkehr handelt.

Grundsätzlich werden an den Freizeitradverkehr andere, geringere Anforderungen gestellt, als an den Alltagsradverkehr. Dies betrifft auch die Frage der Oberfläche. Wassergebundene Decken mit einer Deckschicht aus Splitt oder Schotter vermittelt einen naturnäheren Eindruck als Asphalt und können für touristische Radwege durchaus akzeptabel sein. Für Alltagsfahrten sind sie allerdings ungeeignet. So bilden sich bei Nässe Pfützen, bei stärkeren Niederschlägen kann es vorkommen, dass im Bereich von Gefällen Material abgetragen wird und erhebliche Unebenheiten entstehen. In der kalten Jahreszeit ist ein wirksamer Winterdienst unmöglich, weil das Räumschild des Winterdienstes aufgrund der schwimmenden Stellung nur eine Teilräumung ermöglicht. Auf Strecken, die im Alltag von Radfahrern genutzt werden bzw. genutzt werden sollen, ist daher eine Asphaltierung oder eine andere Oberfläche mit einem vergleichbar geringen Rollwiderstand unbedingt erforderlich.

Alltagstauglich Asphaltierte Verbindung für den Alltagsradverkehr neben einer wassergebundenen Decke für Fußgänger

3 Beleuchtung von Radwegen

infrastruktur

Beleuchten Sie die Radverkehrsanlagen, auch außerhalb geschlossener Ortschaften.

Sofern das Fahrrad in Ihrer Stadt, Gemeinde oder Ihrem Landkreis mehr als ein nettes Freizeitgerät sein soll, ist es wichtig, dass Ihre Bürger das Rad auch rund um die Uhr nutzen können – unabhängig von der Tages- und auch der Jahreszeit. Die Ausleuchtung von Radverkehrsanlagen ist wichtig, damit das Fahrrad als Verkehrsmittel wahrgenommen und genutzt wird. Eine Beleuchtung ist dabei keineswegs „nur" für Nachtschwärmer relevant, in den Wintermonaten fallen die morgendliche und die abendliche Verkehrsspitze (Rushhour) in die dunkle Tageszeit. Beleuchtete Radwege erhöhen die Sichtbarkeit der Radverbindung (Marketingeffekt) sowie die Verkehrssicherheit. Vor allem aber steigern sie auch die soziale Sicherheit.

Radverbindungen sollten daher sowohl innerhalb, als auch außerhalb geschlossener Ortschaften beleuchtet sein. Je größer die Bedeutung einer Radroute, desto wichtiger ist die Installation von Beleuchtungsanlagen. Auf Radschnellverbindungen und Hauptradrouten sollten sie priorisiert eingesetzt werden.

Insbesondere außerhalb bebauter Gebiete eignet sich eine adaptive Beleuchtung, bei der nur jene Streckenabschnitte hell ausgeleuchtet werden, auf denen sich Radfahrer (oder Fußgänger) befinden. Diese werden während der Fahrt von Sensoren erfasst und der Lichtkegel wandert im Streckenverlauf mit dem Radfahrer mit. Die adaptive Beleuchtung reduziert die Beeinträchtigungen der Natur sowie die Energiekosten.

Ausgeleuchtet Radverbindung mit Beleuchtung zwischen zwei Ortschaften

4 Bevorrechtigter Radweg

infrastruktur

Räumen Sie Radfahrern auf den wichtigen Hauptachsen auch dann Vorrang ein, wenn der Radweg eine Erschließungsstraße kreuzt. So sorgen Sie dafür, dass Radfahrer auf möglichst langen Streckenabschnitten zügig und bequem vorankommen und das Fahrrad zu einer Alternative zur Autofahrt wird.

Um einen Radweg gegenüber einer Nebenstraße (z.B. einer Straße in einem Wohngebiet) zu bevorrechtigen, sind verkehrsrechtliche (Verkehrszeichen) bzw. bauliche Maßnahmen erforderlich. Wichtig ist, dass der Vorrang für alle Verkehrsteilnehmer jederzeit eindeutig erkennbar ist. Eine einfache Variante ist es, die Bevorrechtigung durch Verkehrszeichen und Markierungen kenntlich zu machen. Im Regelfall genügt das Verkehrszeichen „Vorrang gewähren“ (VZ 205). Im Einzelfall, beispielsweise bei eingeschränkten Sichtbeziehungen, kann es sinnvoll sein ein „Stop-Schild“ (VZ 206) anzuordnen.

Eine gängige Variante ist die Anhebung der Fahrbahn auf das Niveau des querenden Radwegs (und Gehwegs). Gleichzeitig wird die Fahrbahn auf eine Fahrspur verengt und die Vorrangregelung beschildert. Die Oberfläche des Rad- bzw. Gehwegs wird auch im Kreuzungsbereich beibehalten. Diese Variante ist im nebenstehenden Bild zu sehen.

Eine weitere Möglichkeit ist es, eine (rot markierte) Radverkehrsfurt an einen Fußgängerüberweg (Zebrastreifen) anzuschließen. Für den Radverkehr ist eine Bevorrechtigung nur dann verbunden, wenn diese beschildert ist (VZ 205 oder VZ 206).

Effektiv Bevorrechtigter Radweg in einer Wohnsiedlung

5 Bike & Ride und Ride & Bike

infrastruktur

Erleichtern Sie die kombinierte Nutzung von Fahrrad und ÖPNV, indem Sie an allen Bahnhöfen und Haltestellen hochwertige Radabstellanlagen errichten. Dazu gehören überdachte Fahrradständer und solche, die möglichst gut gegen Vandalismus und Diebstahl schützen – indem der Fahrradrahmen fest angeschlossen werden kann, die Anlage beleuchtet und gut einsehbar ist und für hochwertige Räder zusätzlich geschützte Stellplätze vorhanden sind. Dabei handelt es sich um Fahrradstellplätze, bei denen nur der Besitzer bzw. ein eingeschränkter Nutzerkreis Zugang zu den Rädern hat oder die Anlage bewacht wird. Dafür können unterschiedliche Systeme eingesetzt werden: Die kleinste Einheit sind Fahrradboxen, in der lediglich ein einzelnes Fahrrad Platz findet. Durch Aneinanderreihung mehrerer Boxen können Abstellplätze für beliebig viele Räder geschaffen werden. Die größte Einheit sind Fahrradparkhäuser, Fahrradstationen oder Rad-Stationen, die mehreren Hundert oder Tausend Rädern Platz bieten. Wird eine zweistellige Anzahl geschützter Stellplätze benötigt, eignen sich Fahrradgaragen bzw. Sammelschließanlagen.

Fahrradstellplätze an Haltepunkten des ÖV haben zwei Zielgruppen: Die eigenen Bewohner, die mit dem Fahrrad zum Bahnhof und dann in eine andere Stadt fahren (Auspendler). Da sie erst Rad und dann ÖV fahren, spricht man von Bike & Ride. Vor allem Städte und Gemeinden mit vielen oder großen Arbeitgebern verzeichnen oft aber auch viele Einpendler. Sie kommen mit dem Zug am Bahnhof an und schwingen sich dort aufs Rad. Deshalb spricht man hier umgekehrt von Ride & Bike. Besonders diese Einpendler stellen hohe Anforderungen an sicheres Fahrradparken, da ihre Räder über Nacht oder während der Urlaubszeit am Bahnhof abgestellt sind.

Sicher Fahrradboxen für sicheres Fahrradparken an einer ÖPNV-Haltestelle

6 Bordsteinabsenkung

infrastruktur

Senken Sie Bordsteine im Verlauf von Radwegen auf Fahrbahnniveau ab, um Radfahrern ein zügiges und komfortables Überfahren zu ermöglichen. Am besten verzichten Sie sogar ganz auf eine Materialkante (einen Bordstein) und erstellen eine durchgehende Asphaltdeckschicht.

Bei der Planung von Straßen und Wegen hat man sich in Deutschland auf einen Kompromiss geeinigt: Im Übergang zwischen Fahrbahn und Gehweg soll der Bordstein an Querungsstellen 3 cm über Fahrbahnniveau liegen. Vor allem bei kombinierten Geh- und Radwegen betrifft das dann auch den Radverkehr – an jeder einzelnen Einmündung zwei Mal. Das ist wenig komfortabel und verhindert ein konstantes, zügiges Radfahren. Die 3cm-Kante hat einen einfachen Grund: Sie kann von Menschen mit Rollstühlen oder Gehilfe noch überwunden werden und ist gleichzeitig für Blinde und Sehbehinderte noch zu ertasten. Sie erfüllt damit den Anspruch an eine barrierefreie Infrastruktur, allerdings nur für Fußgänger.

Bei Radwegen, die von Fußwegen getrennt sind, sollte der Übergang daher immer und überall völlig plangleich mit der Fahrbahn angelegt werden. Oder sie legen gleich eine Radwegüberfahrt an (das ist dann der Goldstandard für Fuß- und Radverkehr). Sofern Fuß- und Radverkehr auf gemischten Flächen unterwegs sind (was Sie eigentlich besser vermeiden, weil Sie weder Fußgängern noch Radfahrern gerecht werden), senken Sie den Bord zumindest in einem Teilbereich auf Nullniveau ab und leiten Radfahrer über Markierungen oder die Oberflächengestaltung gezielt zu dieser Stelle hin. Nebenstehendes Fotobeispiel zeigt, wie dies in der Praxis umgesetzt werden kann.

Zielgruppengerecht Nullabsenkung des Bords für Radfahrer und tastbare Kante für Blinde und Sehbehinderteehe

7 Doppelstockparker

infrastruktur

Die Akzeptanz und die Attraktivität einer Radabstellanlage hängt wesentlich davon ab, wie weit diese vom eigentlichen Fahrtziel entfernt ist. Bei Orten mit einem hohen Radverkehrsaufkommen und/oder einer geringen Flächenverfügbarkeit können daher Systeme sinnvoll sein, bei denen eine möglichst große Anzahl Fahrräder auf einer geringen Fläche abgestellt werden können. Oftmals werden einfach die Abstände zwischen den einzelnen Ständern reduziert – was die Nutzung erschwert und Beschädigungen an Fahrrädern hervorrufen kann, wenn sich Lenker, Kabel und Anbauteile ineinander verhaken.

Eine nutzerfreundlichere und effizientere Lösung sind Systeme, bei denen die Räder übereinander auf zwei Ebenen abgestellt werden können (Doppelstockparker). Sie eignen sich vor allem dort, wo Fahrräder über mehrere Stunden oder Tage geparkt werden (z.B. Bahnhof, Innenstadt, Arbeits- oder Ausbildungsstätte). Die Fahrräder auf der oberen Ebene werden dabei in einer Führungsschiene abgestellt, die herausgezogen und bis zum Boden abgelassen werden kann. Das Fahrrad wird dort mit dem eigenen Schloss an einer Halterung angeschlossen. Durch eine hydraulische Unterstützung des Schienensystems können üblicherweise selbst schwerere Pedelecs wieder bequem auf die zweite Ebene gehoben werden.

Meistens handelt es sich um frei zugängliche Abstellsysteme (Foto). Sie sollten überdacht sein. Einzelne Anbieter haben auch abschließbare Fahrradboxen im Programm, bei denen die Fahrräder ebenfalls übereinander und zugangsgeschützt abgestellt werden können.

Effizient Platzsparendes Fahrradparken (Doppelstockparker)

8 Einbahnstraßen

Es entspricht dem Stand der Technik, dass Radfahrer auch Einbahnstraßen in beide Richtungen befahren dürfen. Dazu ordnet die zuständige Straßenverkehrsbehörde zusätzlich zum Verkehrszeichen „Verbot der Einfahrt“ (VZ 267) das Zusatzzeichen „Radfahrer frei“ an (VZ 1022-10) an. Durch die Freigabe von Einbahnstraßen für den gegenläufigen Radverkehr können Städte und Gemeinden kürzere Wege für den Radverkehr schaffen und die Attraktivität des Fahrrades als Verkehrsmittel erhöhen.

Die Einrichtung einer Einbahnstraße stellt verkehrsrechtlich eine verkehrseinschränkende Maßnahme dar. Eine solche ist gemäß §45 Abs. 9 StVO nur in besonderen Fällen zulässig. Für den Kfz- und Radverkehr ist die Zulässigkeit dabei gesondert zu prüfen, da auch die Voraussetzungen beider Verkehrsträger unterschiedlich sind (z.B. Fahrzeugbreite, Geschwindigkeit). Erfahrungsgemäß können bis zu 95 Prozent aller vorhandenen Einbahnstraßen für den Radverkehr geöffnet werden. Im Einzelfall können dazu begleitende Maßnahmen (z.B. Auflösung von Parkständen, Markierung eines Fahrradschutzstreifens) erforderlich sein.

Im Wesentlichen können (bzw. müssen) Einbahnstraßen für Radfahrer dann in beide Fahrtrichtungen freigegeben werden, wenn eine Begegnungsbreite von 3,0 m sowie ausreichende Ausweichflächen vorhanden sind oder geschaffen werden können. Nur bei Linienbusverkehr oder stärkerem Schwerlastverkehr sind mindestens 3,5 m nötig.

Gegen den Strom Öffnung einer Einbahnstraße für den Radverkehr in Gegenrichtung

9 Erweiterte Fußgängersignalisierung

infrastruktur

Erleichtern Sie Radfahrern die sichere und zügige Querung einer Hauptverkehrsstraße, indem Sie eine erweiterte Fußgängersignalisierung einrichten. Dabei wird eine (vorhandene) Fußgängerampel genutzt, damit Radfahrer parallel (also neben der Ampel) die Fahrbahn überqueren können – z.B. um von einer Seitenstraße in eine andere Seitenstraße jenseits der Hauptverkehrsstraße zu gelangen. Erweiterte Fußgängerampeln können auch bei versetzten Querungen angewendet werden.

Das Prinzip dabei ist denkbar einfach: Die Lichtsignalanlage schaltet für den Verkehr auf der Fahrbahn auf Rot und für Fußgänger auf Grün – unabhängig davon, ob tatsächlich Menschen zu Fuß über die Straße gehen möchten. Weil der Verkehr anhält, können Radfahrer die Hauptverkehrsstraße in dieser Zeit bequem und auf direktem Weg queren.

Damit aus einer Fußgängerampel eine erweiterte Fußgängerampel wird, muss die Anlage um zusätzliche Hardware ergänzt werden. Die einfachste Lösung sind Drucktaster (Anforderungstaster) in den Seitenstraßen, die von den Radfahrern betätigt werden und die Ampel umschalten. Der Nachteil liegt insbesondere darin, dass Radfahrer anhalten und auf die Signaländerung warten müssen. Drucktaster eignen sich daher eher für untergeordnete Radverbindungen. Je wichtiger die Bedeutung der Fahrradachse im Radnetz und/oder je mehr Verkehr auf der Hauptverkehrsstraße (zu Stoßzeiten) ist, desto eher sollten Lösungen gefunden werden, bei denen Radfahrer bereits frühzeitig erkannt werden und die Hauptverkehrsstraße möglichst dann erreichen, wenn der Verkehr gestoppt hat. Dafür eignen sich vor allem vorgelagerte Induktionsschleifen oder Videoerkennung.

Gewieft Anforderungstaster für Radverkehr (vorne rechts) zur Anforderung der Fußgängerampel

10 Fahrradampeln

infrastruktur

Installieren Sie vorzugsweise eigene Signalgeber für den Radverkehr (Fahrradampel).

Fahrradampeln kommen bei Radfahrstreifen und eigenen Radwegen in Betracht. Für Radfahrer verkürzen sich mit einer Fahrradampel die Wartezeiten bei Rotlicht, denn: Ist für Fuß- und Radverkehr eine gemeinsame Ampel vorhanden (die so genannte kombinierte Streuscheibe), wird die Zeit zum Überqueren der Fahrbahn (Räumzeit) am langsameren Fußverkehr bemessen. Radfahrer müssen deshalb halten, obwohl sie die Fahrbahn noch mehrere Sekunden locker überqueren könnten. Dies verlängert die Fahrzeiten für den Radverkehr und erhöht wegen fehlender Akzeptanz die Zahl der Rotlichtverstöße. Auch bei Führung des Radverkehrs auf der Fahrbahn mit einem Radfahrstreifen ist eine eigene Fahrradampel sinnvoll. Sie steigert die Sichtbarkeit des Radverkehrs und ermöglicht die Einrichtung von Vorlaufgrün. Dabei erhält der Radverkehr etwa zwei Sekunden früher Grün als der Kfz-Verkehr. Dies steigert nachweislich die Verkehrssicherheit im Kreuzungsbereich.

Tipp: Bei kombinierten Geh- und Radwegen wird die kombinierte Streuscheibe und keine eigene Fahrradampel eingesetzt. Eine eigene Fahrradampel ist aber auch in dieser Situation möglich, wenn Sie kurz vor der Ampel einen getrennten Geh- und Radweg einrichten und auf der Fahrbahn je eine Furt für Fuß- und Radverkehr einrichten.

Empfehlenswert Installation von Signalgebern für den Radverkehr

11 Fahrradparken in der Innenstadt

Platzieren Sie in der Innenstadt überdachte Radabstellanlagen – mit Schließfächern, in denen Einkäufe zwischengelagert werden können.

Hochwertige Radabstellanlagen in der Innenstadt sind das A und O, wenn Sie möchten, dass mehr Bürger mit dem Fahrrad kommen, um einzukaufen, Veranstaltungen zu besuchen oder Behördengänge zu erledigen. Eine überdachte Anlage gehört dabei zum guten Ton, weil sie das Fahrrad (und bei Bedarf auch den Fahrer bzw. die Fahrerin) vor Witterungseinflüssen schützt. Das nebenstehende Fotobeispiel aus der Radstadt Sonthofen zeigt, wie der Witterungsschutz auch für die Markenbildung der Stadt genutzt werden kann. Bei Reiheneinkäufen ergibt sich für Radfahrer häufig das Problem, dass erworbene Waren nicht zwischengelagert werden können und damit in das nächste Geschäft mitgenommen werden müssen. Deshalb ist es ein attraktiver Service, zusätzlich Schließfächer anzubieten, die sich in die Radabstellanlage integrieren lassen.

Ein erheblicher Vorteil des Einkaufens mit dem Fahrrad ist es, dass meistens nah an die Geschäfte herangefahren werden kann. Platzieren Sie alle Radabstellanlagen so, dass kurze Wege gewährleistet sind. Weil überdachte Radabstellanlagen mit mehreren Stellplätzen (davon im Idealfall auch einer für Lastenfahrräder) aufgrund ihrer Maße im Regelfall nicht direkt vor den Ladengeschäften platziert werden können, sollten sie durch weitere, dezentrale Parkmöglichkeiten ergänzt werden. Dazu eignen sich Anlehnbügel, von denen jeweils zwei bis vier Stück zusammen in einer Gruppe aufgestellt werden können. Abgesehen von sehr kleinen Marktplätzen bzw. Einkaufsbereichen sind immer mehrere Radabstellanlagen erforderlich, um kurze Wege zu den Zielen zu gewährleisten.

Hochwertig Überdachte Radabstellanlage mit Schließfächern und Lademöglichkeit für Pedelecs in Sonthofen

12 Fahrradstellplätze an öffentlichen Einrichtungen

Statten Sie alle kommunalen Einrichtungen bzw. Grünanlagen mit Radabstellanlagen für Besucher und Mitarbeiter aus – z.B. Rathaus mit Außenstellen, Bauhof, kommunale Kindertagesstätten, Bäder, Schulen, Feuerwehrgerätehäuser, Bibliothek, Parkanlagen oder Spielplätze.

Überall dort, wo Besucherverkehr stattfindet, sind öffentlich zugängliche Fahrradabstellplätze erforderlich, an denen der Fahrradrahmen fest angeschlossen werden kann. Eine Überdachung ist empfehlenswert und sollte in jedem Fall dort erfolgen, wo Fahrräder üblicherweise länger als zwei Stunden abgestellt werden. So machen witterungsgeschützte Radabstellanlagen beispielsweise bei Bädern oder an Schulen Sinn, während am Rathaus oder an Spielplätzen hierauf verzichtet werden kann.

Anders bei den Stellplätzen, die für Mitarbeiter vorgesehen sind. Sie sollten überall dort errichtet werden, wo gemeindliche Mitarbeiter ihre regelmäßige Arbeitsstätte haben – also u.a. an allen Standorten der Verwaltung, am Bauhof oder an kommunalen Bädern. Radabstellanlagen für Mitarbeiter werden zusätzlich zu den öffentlichen für den Besucherverkehr errichtet, sind aufgrund der üblichen Parkdauer der Räder immer überdacht und sollten zugangsgeschützt sein, d.h. der Zugang ist über ein Schließsystem auf den definierten Nutzerkreis (Mitarbeiter) beschränkt. So ist gewährleistet, dass auch teurere Fahrräder während der Arbeitszeit sicher abgestellt werden können und Anreize zur Fahrradnutzung gesetzt werden. Mitarbeiterstellplätze können auch an einem anderen Standort als die öffentlichen Fahrradständer errichtet werden, beispielsweise an einem Mitarbeitereingang.

Gut gemacht Radabstellanlage mit Anschließmöglichkeit für cen Rahmen, Witterungsschutz und Nähe zum Rathauseingang

13 Fahrradstellplatzsatzung

infrastruktur

Erlassen Sie eine kommunale Stellplatzsatzung für Fahrräder. Fast jeder Weg beginnt oder endet in den eigenen vier Wänden. Den Abstellmöglichkeiten zu Hause kommt dabei eine Schlüsselrolle zu und entscheidet wesentlich, ob bzw. wie intensiv das Fahrrad im Alltag als Verkehrsmittel genutzt wird. Zwei Faktoren sind dabei zentral: 1. Räder müssen gegen fremden Zugriff (Diebstahl, Vandalismus) geschützt abgestellt werden können - auch nachts. 2. Der Zugriff auf das Fahrrad muss schnell und einfach möglich sein – am besten ist der Zugang zum Rad leichter als der zum Auto, das vor der Haustüre oder in der Garage parkt.

Städte und Gemeinden können Einfluss auf die Anzahl und Qualität der Radabstellanlagen für Bewohner, Besucher und Mitarbeiter im privaten Bereich nehmen, z.B. über Festsetzung in Bebauungsplänen, durch Regelungen in städtebaulichen Verträgen und insbesondere durch den Erlass einer kommunalen Stellplatzsatzung für Fahrräder. Rechtsgrundlage ist die jeweilige Landesbauordnung (LBO). Werfen Sie einen Blick in die für Ihr Bundesland gültige LBO und erlassen Sie aufbauend hierauf eine kommunale Satzung mit konkreten Festsetzungen zu Anzahl, Größe und Beschaffenheit von Radabstellanlagen. Als qualitative Mindeststandards sollten festgeschrieben werden: feste Anschließmöglichkeit des Fahrradrahmens, erforderliche Stellplatzgröße zuzüglich Bewegungsflächen, gute Erschließung (eingangsnah, ebenerdige oder über Rampen fahrende Erreichbarkeit).

Die Stellplatzsatzung greift bei Neubauten und Nutzungsänderungen von Gebäuden. Sie umfasst daher neben Wohngebäuden auch andere Alltagsziele, z.B. auch Restaurants, Gewerbebetriebe oder Kultureinrichtungen.

Gastfreundlich Abstellplätze für Besucher vor einem Mehrfamilienhaus

14 Fahrradstraßen

Richten Sie auf den Hauptachsen des Radverkehrs Fahrradstraßen ein. Sorgen Sie dafür, dass diese Vorrang gegenüber den querenden Straßen erhalten und der Kfz-Verkehr auf Anlieger beschränkt wird. Modale Filter, also physische Durchfahrtssperren für Kfz, sind die beste Maßnahme, um dies zu gewährleisten.

In Fahrradstraßen gelten zunächst die allgemeinen Regeln der StVO (z.B. Rechtsfahrgebot, Vorfahrtsregeln), allerdings mit zwei Ausnahmen, die das Radfahren in Fahrradstraßen attraktiv machen:

1. Radfahrer dürfen immer nebeneinander fahren (Ausnahme von §2 Abs. 4 StVO): Kraftfahrzeuge müssen hinter ihnen bleiben bzw. dürfen nur überholen, wenn ein Sicherheitsabstand von 1,5 m eingehalten werden kann.
2. Die Höchstgeschwindigkeit beträgt für alle Verkehrsteilnehmer 30 km/h, aber: Radfahrer bestimmen die Fahrgeschwindigkeit. Bei Bedarf müssen (schnellere) Kraftfahrzeuge ihre Geschwindigkeit verringern und hinterherfahren.

Fahrradstraßen kommen daher nicht auf Haupt-, sondern nur in Erschließungsstraßen in Betracht. Die Verwaltungsvorschrift zur Straßenverkehrsordnung fordert, dass der Radverkehr „die vorherrschende Verkehrsart“ sein muss oder dies (mit Einrichtung der Fahrradstraße) „alsbald zu erwarten“ ist. Fahrradstraßen können somit auch proaktiv eingerichtet werden, um Menschen zum Radfahren zu motivieren. Dazu sind sie auffällig zu gestalten und ihre Funktion als „Straße für Radfahrer“ muss für alle Verkehrsteilnehmer intuitiv erkannbar sein.

Klarheit Auffällig markierte Fahrradstraße mit Roteinfärbung und Vorrang

15 Fahrradzone

infrastruktur

Richten Sie Fahrradzonen ein.

Mit der StVO-Novelle 2020 hat der Gesetzgeber den Kommunen die Möglichkeit gegeben, Fahrradzonen auszuweisen (analog zu Tempo 30-Zonen). In dieser sind nur noch Fahrräder zugelassen, es sei denn, ein extra Zusatzzeichen gibt die Zone auch für andere Verkehrsteilnehmer frei (z.B. Anlieger mit Kfz). In einer Fahrradzone dürfen Radfahrer – wie bei einer Fahrradstraße – nebeneinander fahren. Zudem geben sie die Geschwindigkeit vor, d.h. Autos müssen hinter ihnen bleiben bzw. dürfen nur überholen, wenn der gesetzlich vorgeschriebene Überholabstand von 1,5 m eingehalten werden kann. Eine Fahrradzone kombiniert die Vorteile einer Fahrradstraße (Radfahrer dürfen nebeneinander fahren und geben die Geschwindigkeit vor) mit denen einer Tempo 30-Zone (flächenhafte Ausweisung). Alle weiteren Verkehrsregeln, die auch in einer Tempo 30-Zone gelten (z.B. 30 km/h als zulässige Höchstgeschwindigkeit, Rechts-vor-links), bleiben bestehen.

Formal genügt es, wenn die örtliche Straßenverkehrsbehörde die Fahrradzone durch Verkehrszeichen (VZ 244.3) anordnet und dieses regelmäßig als Markierung auf der Fahrbahn aufbringt. Dennoch gilt: Ein Schild allein macht aus einer Tempo 30-Zone noch keine (gute) Fahrradzone. Vielmehr sollte sichergestellt sein, dass der Kfz-Verkehr gering ist oder wirksam reduziert wird – z.B. durch Einbahnstraßen (mit Freigabe für den Radverkehr in Gegenrichtung) oder modale Filter (bauliche Durchlasssperren für Kfz). Fahrradzonen eignen sich besonders gut für Neubaugebiete. Hier kann bereits bei der Planung darauf geachtet werden, den Kfz-Verkehr innerhalb der Fahrradzone zu minimieren, z.B. durch Sammelgaragen für Pkw am Quartiersrand.

Fahrrad trifft Fußball Auffällige Kennzeichnung einer Fahrradzone in Freising

16

infrastruktur

Fußgängerzone

Geben Sie Fußgängerzonen für den Radverkehr frei – und zwar rund um die Uhr.

Die Freigabe des Radverkehrs in Fußgängerzonen ist in vielen Städten bereits gelebte Praxis und hat sich eingespielt. Selbst in Fußgängerzonen mit einem schmaleren Querschnitt kann die Freigabe des Radverkehrs verträglich sein. Radfahrer haben dabei immer besondere Rücksicht auf den Fußverkehr zu nehmen. Erfahrungen aus der Praxis zeigen, dass Fuß- und Radverkehr dort überwiegend harmonisch interagieren, wo Radfahrer selbst Geschäfte in der Fußgängerzone ansteuern, sie also selbst ein Ziel haben. Für die Anbindung der Geschäfte an das Radverkehrsnetz ist die Freigabe der Fußgängerzone sinnvoll; das Fahrrad kann im Vergleich zum Auto seinen Zeitvorteil voll ausspielen. Die Einbindung der Fußgängerzone in das Radverkehrsnetz, also die Durchleitung von Radrouten durch eine Fußgängerzone, sollte aber unterbleiben, da sie in diesem Fall weder dem Rad- noch dem Fußverkehr gerecht werden. Einzige Ausnahme: Sie trennen beide Verkehrsarten und errichten einen baulich getrennten Radweg, der durch die Fußgängerzone verläuft.

So geht's auch Baulicher Radweg durch eine Fußgängerzone in Amsterdam

17 Geschützte Kreuzungen

infrastruktur

Machen Sie Knotenpunkte für Radfahrer sicherer, indem Sie geschützte Kreuzungen einrichten.

Hinter dem Fachbegriff der geschützten Kreuzungen (engl. Protected Bike Lanes) steckt das Prinzip, Radfahrer an Knotenpunkten baulich getrennt vom Kfz-Verkehr zu führen und damit beides gleichzeitig zu erreichen: eine hohe Verkehrssicherheit und eine hohe gefühlte Sicherheit. In den in Deutschland geltenden technischen Regelwerken ist als Standardfall das genaue Gegenteil vorgesehen: Der Radverkehr wird gemeinsam mit dem Kfz-Verkehr auf der Fahrbahn geführt und erhält „nur" einen markierten Schutz- oder Radfahrstreifen, meist sogar zwischen zwei Kfz-Spuren. Diese „Infrastruktur" empfinden sehr viele Menschen als unsicher und sie schließt viele aus (z.B. Kinder). Bei der geschützten Kreuzung ist das anders. Sie besteht aus vier Kernelementen: (1) Im Kurvenbereich sind Radweg und Fahrbahn durch ein Hochbord voneinander getrennt (Schutzinsel); (2) Radfahrer werden besser gesehen, weil sie eine eigene, vorgezogene Aufstellfläche im Sichtfeld des Kfz-Verkehrs haben; (3) An der Überquerungsstelle ist der Radweg um eine Pkw-Länge abgerückt, so dass abbiegende Autofahrer Radfahrer sehen können, die geradeaus weiterfahren; (4) Abbiegende Kfz und geradeaus fahrende Radfahrer erhalten getrennt voneinander grün.

In den Niederlanden werden geschützte Kreuzungen bereits seit Jahrzehnten erfolgreich eingesetzt, auch in Deutschland werden sie immer öfter geplant. Der Standard unter Verkehrsplanern sind jedoch immer noch die gemischten Führungsformen; wenn Sie sichere, geschützte Lösungen realisieren möchten, machen Sie dies zur Zielvorgabe für die beteiligten Planer.

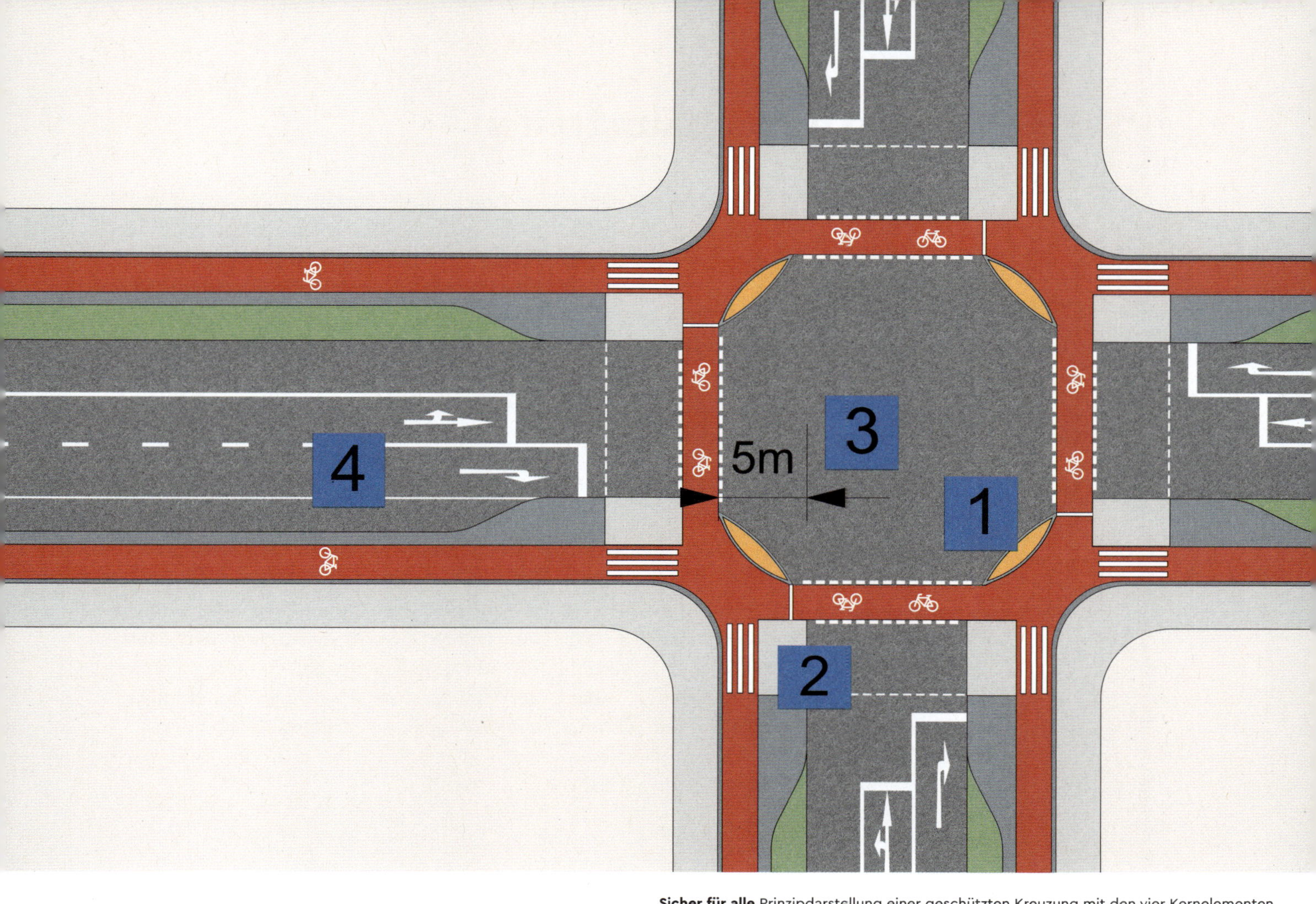

Sicher für alle Prinzipdarstellung einer geschützten Kreuzung mit den vier Kernelementen

18 Geschützte Radfahrstreifen

infrastruktur

Grenzen Sie Radspuren auf der Fahrbahn mit Trennelementen von der Kfz-Fahrbahn ab. Zur Abtrennung können Sie z.B. Fahrradständer, Poller, Flexposts (nachgebende Poller), Bordsteine oder Blumenkübel verwenden. Weil Radfahrer durch bauliche Elemente vom Kfz-Verkehr getrennt sind, wird diese Lösung als „geschützter Radfahrstreifen“ bezeichnet (im Englischen unter „Protected Bike Lane“ bekannt).

Geschützte Radfahrstreifen haben handfeste Vorteile: Sie lassen sich vergleichsweise schnell und kostengünstig einrichten und bieten gleichzeitig das hohe Sicherheitsgefühl eines Hochbordradwegs. Zusätzlich wird durch die baulichen Trennelemente verhindert, dass Fahrzeuge die Radstreifen widerrechtlich befahren oder zuparken können. Lediglich an Grundstückszufahrten können geschützte Radfahrstreifen auch von Fahrzeugen überfahren werden.

Durch diese Vorteile haben geschützte Radfahrstreifen das Potenzial, Mobilitätsverhalten zu verändern und auch solche Menschen für das Radfahren zu gewinnen, die sich ansonsten durch den „gefährlichen Autoverkehr“ vom Radfahren abhalten lassen. In anderen Ländern, darunter den USA und den Niederlanden, sind sie bereits länger im Einsatz und konnten nachweislich Menschen aus allen Alters- und Bevölkerungsschichten zum Radfahren motivieren.

Geschützte Radfahrstreifen kommen für Hauptverkehrsstraßen in Frage. Sie sollten je Fahrtrichtung 2,30 m breit sein, mindestens jedoch 2,00 m – zuzüglich dem Raum für die Trennelemente und der nötigen Breite der Kfz-Spuren, so dass ein Straßenraum von etwa 12,00 m zur Verfügung stehen muss.

Goldstandard Geschützter Radfahrstreifen in Darmstadt

19 Gestaltung des Nebenstraßennetzes

infrastruktur

Weisen Sie in den Erschließungsstraßen Tempo 30 aus und sorgen Sie durch bauliche Maßnahmen dafür, dass die Geschwindigkeiten auch eingehalten – oder besser unterschritten – werden. In „zentralen städtischen Bereichen mit hohem Fußverkehrsaufkommen und überwiegender Aufenthaltsfunktion" (§45 Abs. 1d StVO) können Sie auch einen verkehrsberuhigten Geschäftsbereich mit Tempo 20 ausweisen. Beginnen Sie mit den Straßen, die Bestandteil des Radverkehrsnetzes sind oder auf eine andere Weise eine besondere Bedeutung für den Radverkehr haben.

Wichtig: Verkehrsschilder allein haben oft nur einen geringen Effekt. Vielmehr muss die bauliche Gestaltung so sein, dass sich die Funktion der Straße intuitiv erschließt und sich die Verkehrsteilnehmer so verhalten, wie Sie es als Straßenbaulastträger bezwecken – z.B. im Hinblick auf die gefahrenen Geschwindigkeiten.

Bei Neubau oder Sanierung ist das naturgemäß einfacher, allerdings können mit einem stimmigen Konzept auch im Bestand schon erhebliche Verbesserungen erreicht werden. Besonders zielführend ist alles, was die Sichtachsen (teilweise) unterbricht und Lenkbewegungen erzeugt. Typische Maßnahmen sind: Torsituationen durch künstliche Engstellen, (Grün-) Inseln am Fahrbahnrand oder in der Fahrbahn, alternierendes Parken (abwechselnd auf beiden Fahrbahnseiten), Anrampung von Kreuzungen oder Querungsstellen auf das Niveau des Gehwegs oder Material- und Farbwechsel.

Das kann jeder Fahrradfreundliche Tempo 30-Zone durch Einengungen, Belagswechsel und Begrünung

20 Grüne Welle

Programmieren Sie Lichtsignalanlagen auf wichtigen Radrouten so, dass Radfahrer zwei oder mehr benachbarte Knotenpunkte bequem bei Grün überqueren können. Weil dadurch unnötige Stopps entfallen, kommen Radfahrer schneller und bequemer voran – das Fahrrad wird auf dieser Strecke im Vergleich zum Auto attraktiver. Kurze Fahrzeiten sind nachweislich ein wichtiger Anreiz für die Radnutzung.

Die Grüne Welle für den Radverkehr kommt auf Strecken mit einem hohen Radverkehrsaufkommen oder einem hohen Potenzial in Betracht – z.B. bei Radschnellwegen oder zentralen innerörtlichen Verkehrsachsen. Dies können u.a. Radverbindungen in die Innenstadt, zum Bahnhof, zu Arbeitsplatzschwerpunkten oder der Anschluss zu einem Radschnellweg sein.

Bei der Grünen Welle wird für alle Radfahrer eine konstante Fahrgeschwindigkeit angenommen, die in die Berechnung der Signalsteuerung eingeht. Diese wird üblicherweise mit 20 km/h angesetzt. Studien zeigen, dass Radfahrer ihre Geschwindigkeit gezielt an die Grüne Welle anpassen und schneller oder langsamer fahren. Dazu müssen die Nutzer Information über die richtige Fahrgeschwindigkeit erhalten. Die einfachste Form sind Hinweisschilder (z.B. „Grüne Welle bei 20 km/h“). Neuere Systeme zeigen dagegen an, ob der Fahrer seine Geschwindigkeit anpassen muss. Erprobt sind stationäre Säulen mit elektronischen Anzeigen vor den Knotenpunkten. In Kopenhagen hat die Stadt mit im Radweg eingebauten grünen LED-Anzeigen experimentiert. Eine einfache Form der Grünen Welle ist der Einsatz von Radardetektoren, Infrarot- oder Wärmebildkameras sowie vorgelagerter Anforderungstaster und Induktionsschleifen, bei denen Grünphasen für herannahende Radler verlängert werden.

Prototyp Grüne LED-Anzeigen auf einem Radweg in Kopenhagen

21 Grünpfeil für den Radverkehr

infrastruktur

Erlauben Sie Radfahrern an Ampeln auch das Rechtsabbiegen bei Rot. Damit verkürzen Sie die Fahrzeiten, das Fahrrad wird als Alltagsverkehrsmittel attraktiver.

Die Umsetzung ist einfach und kostengünstig: Mit Inkrafttreten der StVO-Novelle 2020 hat der Gesetzgeber ein neues Verkehrsschild eingeführt – das Verkehrszeichen (VZ) 721 mit der offiziellen Bezeichnung „Grünpfeilschild mit Beschränkung für den Radverkehr". Ist dieses Zeichen an einer lichtsignalgeregelten Kreuzung angebracht, dürfen Radfahrer auch dann rechts abbiegen, wenn die Ampel Rot zeigt (§ 37 Absatz 2 Nummer 1 Satz 9 StVO).

Das Grünpfeilschild wird innerhalb des Stadt- bzw. Gemeindegebietes nicht flächendeckend eingesetzt, sondern nur punktuell. Wie bei jedem Verkehrszeichen ist durch die Straßenverkehrsbehörde vorab zu prüfen, ob die Voraussetzungen für eine Anordnung gegeben sind. So kann es auch sein, dass dies bei einem einzelnen Knotenpunkt unterschiedlich geregelt ist.

Das Rechtsabbiegen für Radfahrende auch an roten Ampeln ist in anderen europäischen Ländern bereits seit Längerem gängige Praxis – mit positiven Erfahrungen im Hinblick auf die Verkehrssicherheit und die Fahrzeiten für den Radverkehr.

Freie Fahrt Grünpfeilschild für den rechtsabbiegenden Radverkehr

22 Induktionsschleifen

infrastruktur

Machen Sie Radfahren schnell, indem Sie die Zeitverluste an Lichtsignalanlagen weitgehend reduzieren.

Mit Induktionsschleifen im Radweg, Radfahr- oder Schutzstreifen werden Fahrräder automatisch erkannt. Der Radfahrer wird dadurch bei der Signalsteuerung der Ampelanlage „angemeldet" und kann zum nächstmöglichen Zeitpunkt berücksichtigt werden – die Ampel springt früher auf Grün und die Wartezeit verringert sich. Der Einsatz von Induktionsschleifen sollten daher in jeder fahrradfreundlichen Stadt zum Standard gehören.

Einzelne Städte wie Groningen und Rotterdam (Niederlande) haben zusätzlich Regensensoren integriert, um Radfahrern bei Niederschlag ein schnelleres Vorankommen zu ermöglichen.

Wird die Induktionsschleife nicht direkt an der Ampel, sondern bereits einige Meter vorher platziert, kann ein Stopp oftmals sogar ganz vermieden werden. Die vorgelagerte Induktionsschleife meldet den herannahenden Radfahrer nämlich so frühzeitig an, dass die Ampel Grün anzeigt, wenn er sie erreicht hat. Anstelle einer Induktionsschleife kann auch ein vorgelagerter Anforderungstaster („Ampeltaster") eingesetzt werden. Dieser muss allerdings während der Fahrt aktiv betätigt werden und ist damit weniger attraktiv.

Eine vorgelagerte Anforderung funktioniert umso besser, je kleiner und weniger komplex ein Knotenpunkt ist. Gut geeignet sind sie daher für einfache Knoten und Querungsstellen – beispielsweise, wenn Radfahrern im Zuge einer Radachse die Querung einer Hauptstraße erleichtert werden soll.

Schneller grün Induktionsschleifen auf einem Radweg

23 Intuitive Wegeführung

infrastruktur

Gestalten Sie Radverbindungen so, dass die Wegeführung auch für Ortsfremde intuitiv erfassbar, einfach und logisch ist. Sobald Ihre Radfahrer grübeln müssen, wo sie fahren können oder sollen, ist die Radverkehrsführung Mist. Als Autofahrer finden Sie ja auch eine klare Struktur vor und müssen nicht erst rätseln, ob die Straße links am Baum vorbeiläuft oder rechts davon. Eine klare Struktur schafft Sicherheit, macht Radfahren einfach und verkürzt die Reisezeiten.

Wie können Sie solche klaren Strukturen mit einer intuitiven Wegeführung schaffen? Am wirksamsten ist es, wenn die Radroute baulich als Trasse ausgebaut ist: mit einer einheitlichen, durchgehenden Oberfläche, die auch bei Richtungsänderungen fortgeführt wird. Zweitens: Markierungen, wie Fahrradpiktogramme, Richtungspfeile, Furtmarkierungen oder durchgehende Roteinfärbung von Streckenverläufen. Im Verlauf von Radhauptrouten markieren Sie das Hauptroutenlogo auf der Fahrbahn bzw. dem Radweg.

Wegweisende Beschilderungen (grün-weiße oder rot-weiße Radwegweisung) haben den mit Abstand geringsten Effekt, da sie sehr unscheinbar sind, und sollten immer nur als ergänzendes Element eingesetzt werden, um im Verlauf der klar erkennbaren Trassen Richtungsentscheidungen zu ermöglichen.

Nein, nicht Holland! Intuitive und bevorrechtigte Radverkehrsführung in einer Dorfmitte

24 Kinderfahrradständer

infrastruktur

Statten Sie Kindergärten mit Fahrradständern aus, die auf die Größe von Kinderfahrrädern zugeschnitten sind. Das gleiche gilt für alle anderen öffentlichen und privaten Einrichtungen, bei denen von Besucherverkehr durch Kinder ausgegangen werden kann – z.B. Kinderärzte, Spielwarengeschäfte, Spielplätze. Eigene Fahrradständer für Kinder senden an die kleinen Radfahrerinnen und Radfahrer eine eindeutige Botschaft: Dieser Stellplatz ist für Euch! Da macht es gleich viel mehr Freude mit dem Fahrrad in die Kita zu radeln.

Im eigenen Zuständigkeitsbereich (öffentliche Einrichtungen und Flächen) kann die Kommune hierüber eigenständig entscheiden. Sofern es sich um private bzw. gewerbliche Ziele handelt, können bei Neubau und Sanierungen Vorgaben über eine Stellplatzsatzung oder Festsetzungen im Bebauungsplan getroffen werden. Oft genügt allerdings bereits ein wenig Überzeugungsarbeit durch die Kommune. Im Bestand können Städte und Gemeinden Anreize für den Eigentümer/Betreiber setzen, um die Nachrüstung von Kinderfahrradständern zu erreichen, beispielsweise in Form eines finanziellen Zuschusses.

Die Fahrradständer müssen ein festes Anschließen des Fahrradrahmens ermöglichen und auch für Kinderroller geeignet sein. Viele Kinder nutzen zuerst einen Roller, bevor sie auf ein Fahrrad umsteigen. Gut kommen bei kleinen Pedalrittern auch bunte Fahrradständer an. Üblicherweise bietet jeder Hersteller auch die Möglichkeit, Fahrradständer in (beliebigen) RAL-Farben zu beschichten. Oder aber die Kinder bemalen die Ständer selbst, z.B. im Rahmen eines Aktionstages.

Mobilitätskarriere Radabstellanlage vor einer Kindertagesstätte

25 Kommunale Wohngebäude

Statten Sie Ihre kommunalen Wohngebäude oder jene im Eigentum Ihrer kommunalen Wohnungsbaugesellschaft mit zeitgemäßen Radabstellanlagen aus. Dazu gehören zwei Arten:

1. Kurzzeitstellplätze in direkter Nähe zum Gebäudezugang, z.B. für Besucher. Hierfür eignen sich u.a. herkömmliche Anlehnbügel, an denen das Fahrrad mit dem Rahmen fest angeschlossen werden kann. Der Boden sollte befestigt sein, weitere Ausstattungselemente können nach Bedarf vorgesehen werden.

2. Witterungs- und zugangsgeschützte Stellplätze, die den Bewohnern ein sicheres Abstellen des eigenen Fahrrads ermöglichen. Die Anlagen sollten so dimensioniert sein, dass sie auch für Fahrräder mit Anhänger oder Lastenfahrräder geeignet sind. Vor allem bei Bestandsimmobilien können solche Fahrradräume im Regelfall nicht im Wohngebäude selbst nachgewiesen werden. Stattdessen kann auf dem Gelände – in möglichst kurzer Nähe zum Zugang – eine überdachte Einhausung errichtet und im Innern mit einem Abstellsystem (z.B. Anlehnbügel, Doppelstockparker) versehen werden. Der Zugang kann mit einer klassischen Schließanlage oder einem elektronischen System auf den gewünschten Nutzerkreis reduziert werden.

Gut platziert Eingangsnahe Platzierung von Radabstellanlagen vor dem Gebäude einer kommunalen Wohnungsbaugesellschaft

26 Kopfsteinpflaster

infrastruktur

Machen Sie für Radfahrer das Fahren auf Strecken mit Kopfsteinpflaster angenehm, indem Sie auf einer bis zu 2,00 m breiten Fahrgasse das Kopfsteinpflaster abschleifen oder es durch flache Pflastersteine ersetzen und damit einen bequem befahrbaren Pflasterstreifen einrichten.

Im Rahmen der Entwicklung eines Radverkehrskonzeptes haben zwei Mitglieder unseres Büros einmal auf dem Marktplatz einer Kleinstadt eine Bürgerbefragung durchgeführt. Eindrucksvoll war die Rückmeldung eines älteren Herren, der, wie mir später glaubhaft versichert wurde, in vollem Ernst sagte: „Mir fliegt jedes Mal das Gebiss raus, wenn ich über den Marktplatz fahre." Kopfsteinpflaster ist auch ohne künstliches Gebiss eine anstrengende Angelegenheit, wenn man mit dem Fahrrad unterwegs ist. Wenn Sie eine Straße mit Kopfsteinpflaster für den Radverkehr herrichten wollen, legen Sie in beiden Fahrtrichtungen jeweils am rechten Fahrbahnrand einen gut befahrbaren Pflasterstreifen an (halten Sie dabei Abstand zu Parkständen!). Führt der Weg über einen Platz, nehmen Sie die Ideallinie und legen einen ausreichend breiten Pflasterstreifen an, der von Radfahrern im Gegenverkehr befahren werden kann. Je nach Netzfunktion für den Radverkehr, Fuß- und Radverkehrsaufkommen bzw. Platzsituation kann die Breite variieren. Meistens dürfte eine Breite von bis zu 2,00 m ausreichend sein.

Komfortabel Glatter Pflasterstreifen für Radfahrer und mobilitätseingeschränkte Personen in einer Fußgängerzone (Radfahrer frei)

27 Ladezonen

infrastruktur

Richten Sie an neuralgischen Stellen Ladezonen ein, um zu vermeiden, dass Schutz- und Radfahrstreifen, Radwege oder Fahrradstraßen durch Lieferfahrzeuge widerrechtlich zugestellt werden. Ihre Freihaltung erhöht die Verkehrssicherheit, das Sicherheitsempfinden und den Fahrkomfort. Typische Anwendungsbereiche für Ladezonen sind Geschäftsstraßen mit einer eigenen Radverkehrsinfrastruktur am Fahrbahnrand bzw. im Seitenraum.

Damit die Maßnahme Wirkung zeigt, sind kontinuierliche Kontrollen durch die Verkehrsüberwachung nötig. Neben der Überwachung der Lieferfahrzeuge ist es wichtig dafür zu sorgen, dass die Ladezonen von unberechtigt parkenden Fahrzeugen freigehalten werden. Sobald diese durch Falschparker zweckentfremdet werden, fehlen sie für den Lieferverkehr, so dass die Ladezonen ihre Wirksamkeit verlieren.

Die Ausweisung erfolgt durch das Zeichen 1012-30 (Ladezone) in Kombination mit eingeschränktem oder absolutem Haltverbot, sowie im Bedarfsfall einer zeitlichen Einschränkung der Regelung (z.B. „werktags von 9 bis 20 h“).

Übrigens: Mit dem Sinnbild „Lastenfahrrad“ können auch Ladezonen speziell für Cargobikes eingerichtet und markiert werden.

Mitgedacht Ladezone und Radfahrstreifen in einer Geschäftsstraße

28 Längsparkstände umwidmen

infrastruktur

Seien Sie effizient: Lösen Sie im Straßenraum einen Längsparkstand auf und errichten Sie an derselben Stelle eine Fahrradabstellanlage. So können auf derselben Verkehrsfläche anstelle eines Autos nun bis zu zehn Fahrräder abgestellt werden. Der knappe städtische Raum wird sinnvoll und effizient genutzt. Diese Maßnahme kann sowohl in einem Wohngebiet (Stellplätze für Bewohner und Besucher), an Arbeitsplatzschwerpunkten (Stellplätze für Arbeitnehmer, Kunden und Besucher), als auch in Geschäftsstraßen (Stellplätze für Kunden und Mitarbeiter) angewendet werden.

Aus vielen Städten wissen wir: Steigt das Angebot an Radinfrastruktur, wird diese auch genutzt. Der Verkehrsplaner spricht hier von der Angebotsplanung. Weiten Sie das Angebot aus, wenn die errichteten Fahrradabstellplätze nicht mehr ausreichen. Sie können die Anlage um einen weiteren Längsparkstand erweitern oder eine andere Stelle neu hinzunehmen. Für die Maßnahme eignen sich sowohl (geduldete) Kfz-Stellplätze am Fahrbahnrand, als auch baulich ausgebildete Parkbuchten.

Bei der Wahl der Radabstellanlage müssen Sie darauf achten, dass die absoluten Mindestanforderungen an eine Radabstellanlage eingehalten werden. Der Rahmen muss mit einem herkömmlichen Schloss fest an das Abstellsystem angeschlossen werden können. Die einfachste Variante sind Anlehnbügel. Achten Sie darauf, dass Sie keine eckige Ausführung verwenden, sondern ein Rundrohr. Dies reduziert die Gefahr von Beschädigungen am Fahrrad. Der Anlehnbügel sollte zudem über einen niedrigeren Querholm verfügen.

Mehr Parkraum Umwidmung eines Pkw-Stellplatzes in mehrere Radabstellplätze

29 Lastenradstellplätze

infrastruktur

Richten Sie eigene Stellplätze für Lastenfahrräder ein. Lastenfahrräder werden meist als Ersatz für das Auto und somit auf einer Vielzahl alltäglicher Wege verwendet. Entsprechende Stellplätze gehören daher an alle Orte, an denen Menschen Halt machen – z.B. Einkaufsstätten, Innenstadt, Kindertagesstätten und Schulen, Rathaus, Kultureinrichtungen, Bahnhöfe, Arbeitsstätten, Frei- und Hallenbäder, Friedhöfe. Lediglich die Anzahl der Stellplätze sollte sich nach der Art des Zielortes richten: Vor einem Supermarkt sind mehr Stellplätze sinnvoll, als vor dem Rathaus.

Lastenradstellplätze zeichnen sich im Wesentlichen durch drei Faktoren aus: 1. Sie sind größer als herkömmliche Stellplätze, da Lastenfahrräder bis zu 2,50 m lang und bis zu 1,0 breit sind. 2. Weiterhin haben Lastenfahrräder einen größeren Wendekreis, so dass die Bewegungsflächen und Zuwegungen ausreichend bemessen sein müssen. In diesem Zusammenhang ist bei der Planung sicherzustellen, dass die Zuwege vor den Fahrradständern von Kfz-Falschparkern freigehalten werden – z.B. durch Poller. 3. Als Fahrradständer werden Anlehnbügel mit Querholm verwendet, die im Idealfall länger als die Standardbügel sind. Dadurch können auch verschiedene Typen von Lastenfahrrädern sowie Fahrräder mit Anhänger leicht angeschlossen werden.

Lastenradstellplätze werden als solche beschildert und markiert, so dass ihre Funktion für Jedermann leicht ersichtlich ist. Mit der StVO-Novelle 2020 wurde in Deutschland ein spezielles Sinnbild „Lastenfahrrad“ eingeführt, mit dem Straßenverkehrsbehörden nun entsprechende Stellplätze und Ladezonen kennzeichnen können.

Noch ungewohnt Lastenradstellplätze

30 Lichtraumprofil

infrastruktur

Stellen Sie sicher, dass bei allen Radverkehrsanlagen das erforderliche Lichtraumprofil freigehalten wird. Mit Lichtraumprofil ist der Platz gemeint, den ein Radfahrer benötigt, um sicher unterwegs sein zu können - vor allem auch neben und über sich. Was selbstverständlich klingt, wird in der Praxis häufig vernachlässigt. Da ragen Pfosten, Verkehrsschilder oder Bewuchs in den Radweg hinein und müssen umkurvt werden – nicht nur auf Kopfhöhe kann das schnell gefährlich werden.

Der lichte Raum bzw. das Lichtraumprofil ergibt sich aus dem nötigen Verkehrsraum (z.B. der Regelbreite eines Radwegs) zuzüglich eines Sicherheitsraums zu angrenzenden Hindernissen (z.B. Pfosten, Kfz-Parkplätze). Dieses Prinzip gilt zu beiden Seiten (horizontale Hindernisse) und in der Höhe (vertikale Hindernisse). So wird zu seitlichen Hindernissen ein Sicherheitsabstand zwischen 0,25 m und 0,75 m gefordert (die jeweiligen Werte können den geltenden Regelwerken entnommen werden). Befindet sich ein Hindernis über dem Fahrweg, muss unter ihm mindestens 2,50 m Platz sein, um eine sichere Durchfahrt zu gewährleisten.

Städte und Gemeinden können ihre Radverkehrsanlagen und Radrouten danach überprüfen, ob sie das erforderliche Lichtraumprofil freihalten. Wo dies nicht eingehalten wird, sollte das Hindernis an dieser Stelle entfernt oder – falls ein Umsetzen nicht möglich ist – abgesichert werden. Zur Absicherung können Bodenmarkierungen und retroreflektierendes Material eingesetzt werden. Durch Grünschnittpläne sollten Kommunen zudem sicherstellen, dass Bewuchs im Bereich von Radverkehrsanlagen regelmäßig zurückgeschnitten wird.

Absurdistan Auf Radwegen (noch) normal, auf Fahrbahnen absurd.

31 Marketingpaket

information

Begleiten Sie Maßnahmen, die Sie das erste Mal durchführen oder die besonders wichtig sind, durch eine Marketingkampagne.

Beispiel Fahrradstraße: In jeder Stadt oder Gemeinde lassen sich Nebenstraßen finden, die sich gut als Fahrradstraßen eignen und es den Kommunen somit ermöglichen, schnell ein durchgehendes und sichtbares Radverkehrsnetz zu schaffen. Entsprechend häufig werden Fahrradstraßen in ganz Deutschland mittlerweile umgesetzt. In völligem Kontrast dazu steht das Wissen der Verkehrsteilnehmer. Bei einer Befragung von Rad- und Autofahrern in (!) einer Fahrradstraße in München im Auftrag der Stadt wurde beispielsweise festgestellt, dass rund die Hälfte der befragten Personen nicht wusste, welche besonderen Regeln in einer Fahrradstraße gelten. Auch in anderen Bereichen (z.B. vorgeschriebener Abstand beim Überholen von Radfahrern) stellen wir immer wieder fest, dass viele Verkehrsregeln unbekannt sind. Hier hilft es, wenn Sie als Kommune mit einer sympathischen Marketingkampagne reagieren und die Regeln kommunizieren. Dazu können Sie – je nach Thema – auf bestehende Marketingpakete von Drittanbietern zurückgreifen, diese mit Ihrem Stadtlogo versehen und dann sehr einfach sowie kostengünstig nutzen. Typische Elemente solcher Marketingpakete sind große XL-Banner, die an einem Bauzaun befestigt werden können, Plakate zum Aufhängen sowie Informationsflyer.

Sympathisch XL-Banner einer Marketingkampagne zur Erläuterung der spezifischen Regeln einer Fahrradstraße.

32 Mobile Fahrradständer

Schaffen Sie für Ihre Kommune mobile Fahrradständer an. Die einfachste Form sind Anlehnbügel, von denen mehrere auf einem Schienengestell montiert und dadurch fest miteinander verbunden sind. Der Bauhof kann die Anlage jederzeit umsetzen, wenn sie an einer anderen Stelle benötigt wird.

Eine temporäre Radabstellanlage wird insbesondere im Zuge von Veranstaltungen (z.B. Volksfest, Kirchweih, Weihnachtsmarkt) eingesetzt, um den Besuchern ein sicheres Abstellen ihres Drahtesels zu ermöglichen und damit Anreize zu setzen, das Fahrrad zu nutzen. In vielen Städten und Gemeinden fehlen an solchen Veranstaltungsorten fest installierte Anlagen ganz oder zumindest in ausreichender Anzahl. Darüber hinaus können Sie mit mobilen Fahrradständern einen temporär höheren Abstellbedarf überbrücken, z.B. beim Freibad oder bis zur Installation einer dauerhaften Anlage.

Sehr einfach finden Sie mit einem mobilen System zudem heraus, wie hoch der Stellplatzbedarf an einem geplanten Standort tatsächlich ist bzw. wie gut er angenommen wird. Dadurch können Sie die neue Anlage richtig dimensionieren und platzieren.

Manchmal ist der Bedarf an sicheren Radabstellanlagen besonders hoch – oft bei bedeutenden Veranstaltungen. Hier können Sie zusätzlich andere Elemente (z.B. Bauzäune) einsetzen. Lassen Sie diese in Reihe aufstellen und fest miteinander verbinden. Die Räder können hieran angeschlossen werden. Die Abstellanlage sollte gut sichtbar ausgeschildert und im Idealfall bewacht sein.

Auf und davon Mobile Fahrradständer lassen sich schnell rückbauen und versetzen.

33 Modale Filter

infrastruktur

Errichten Sie in Wohngebieten modale Filter, um Schleich- und Durchgangsverkehr zu unterbinden. Die Quartiere werden dadurch lebenswerter, sicherer und auch für Fußgänger und Radfahrer attraktiver. Verkehrsarme Erschließungsstraßen erweitern das (gefühlt) sichere Radverkehrsnetz mit einfachen Mitteln und sind so auch eine Alternative zu stark befahrenen Hauptverkehrs- und auch Nebenstraßen. Sie bieten dadurch handfeste Anreize das eigene Auto stehen zu lassen und öfter einmal das Rad zu nehmen.

Modale Filter sind physische Barrieren, die nur für die erwünschten Verkehrsarten (Fuß- und Radverkehr, mitunter auch ÖPNV) durchlässig sind und andere, an dieser Stelle unerwünschte Verkehrsarten (Kfz-Verkehr), wirksam heraushalten. Kraftfahrzeuge sollen dabei auf die für sie vorgesehenen Hauptverkehrsstraßen gelenkt werden. Möglichkeiten zur Einrichtung der Barrieren sind beispielsweise (absenkbare) Poller, Sperrgitter, Blumenkübel oder (städtebaulich verträglichere Lösungen wie) baulich angelegte Grün- bzw. Aufenthaltsflächen.

Grundsätzlich gibt es zwei Formen modaler Filter: Bei einer Quersperre wird eine Fahrbahn durch ein Hindernis unterbrochen, so dass eine Durchfahrt durch einen Straßenzug bzw. eine Zufahrt unterbunden wird. Anders bei einer Diagonalsperre. Hier wird eine Kreuzung durch ein diagonales Hindernis so geteilt, dass der motorisierte Verkehr nur noch in eine Fahrtrichtung abbiegen kann.

Übrigens sagt schon die gängige Bezeichnung „Erschließungsstraße“: Der Zweck einer solchen Straße ist es, die dort befindlichen Grundstücke zu erschließen, d.h. an das weitere Straßennetz anzubinden. Die Erschließungsstraße ist dagegen nicht für den Kfz-Durchgangsverkehr da. Modale Filter helfen dabei, eine Fehlnutzung zu unterbinden.

Einfach und sehr wirkungsvoll Modaler Filter zur Heraushaltung von Kfz-Verkehr

34 Öffentliche Stellplätze in Wohngebieten

Errichten Sie auch in Ihren Wohngebieten Fahrradabstellplätze im öffentlichen Raum – und zwar dezentral in kurzen Abständen, z.B. an allen Einmündungen oder auch im Streckenverlauf.

Beim Kfz-Verkehr ist es völlig normal, dass überall im Stadtgebiet ausreichend Parkflächen eingeplant und errichtet werden, gerade auch in den Wohngebieten, obwohl dort die erforderlichen Kfz-Stellplätze eigentlich auf den Privatgrundstücken nachgewiesen werden müssen. Für den Radverkehr wird in vielen Wohngebieten noch auf öffentliche Radabstellanlagen verzichtet, obwohl sowohl Bewohner als auch Besucher dort Bedarf an sicherem Fahrradparken haben. Rohrpfosten, Gartenzäune und andere Elemente sind kein Ersatz!

Im Regelfall genügt es, je Standort drei bis fünf Anlehnbügel ohne Überdachung einzuplanen. Dafür können beispielsweise die Seitenbereiche an Einmündungen vorgesehen werden. An Stellen mit hohem Parkdruck bzw. hohem Potenzial für den Radverkehr sollten auch Anlagen mit mehr Anlehnbügeln eingeplant werden. Dies kann beim Geschosswohnungsbau sinnvoll sein oder wenn sich besondere Ziele bzw. Einrichtungen in unmittelbarer Nähe befinden (z.B. Studentenwohnheim). Achten Sie darauf, dass ein Teil der Stellplätze auch für Fahrräder mit Anhänger sowie Lastenfahrräder geeignet ist.

Kleine Maßnahme, große Wirkung Radanlehnbügel im Straßenraum in einem Wohngebiet

35 Poller

infrastruktur

Reduzieren Sie auf allen Wegen in Ihrer Stadt bzw. Gemeinde die Poller (Sperrpfosten) – insbesondere im Verlauf der offiziellen Radverbindungen, wo sie den Radverkehr bündeln und das Radfahren bequem und sicher machen möchten. Sperrpfosten sind Hindernisse im Verkehrsraum und können zur „Stolperfalle" werden. Sofern Poller im Einzelfall notwendig erscheinen, müssen sie so abgesichert werden, dass Unfälle vermieden werden.

Poller können Sie sofort abbauen lassen, wenn der Sinn und Zweck nicht ersichtlich ist bzw. nicht mehr nachvollzogen werden kann. In den meisten Fällen werden Poller dort errichtet, wo Kraftfahrzeuge ferngehalten werden sollen. Oftmals kann es hier notwendig sein, die Poller beizubehalten, damit ein Radweg oder Straßenabschnitt von Kraftfahrzeugen frei bleibt. Bei schmalen Querschnitten wird dazu ein einzelner Sperrpfosten in der Mitte des Weges platziert, bei breiteren Querschnitten mehrere in Reihe. Kann auf sie nicht verzichtet werden, so sind die Poller auffällig zu färben und nach allen Seiten mit retroreflektierendem Material zu versehen. Zusätzlich sollen sie mit einem etwa 20 m langen Keil als Bodenmarkierung eingefasst werden, um Radfahrer frühzeitig auf das Hindernis aufmerksam zu machen (bei zentralen Radachsen mit höheren Fahrgeschwindigkeiten sind längere Keile sinnvoll). Insbesondere wenn Radfahrer hintereinanderfahren, können ungesicherte Poller leicht übersehen werden.

Bei der Anordnung sollte darauf geachtet werden, dass die Sperrpfosten so weit auseinander stehen, dass sie auch von mehrspurigen Fahrrädern (Fahrrad mit Anhänger, Lastenfahrrad) bequem passiert werden können – auch im Begegnungsfall.

Fluch und Segen Markierung von Pollern auf einem Radweg mit umlaufender Markierung und retroreflektierendem Material

36 Privatstellplätze auf öffentlichem Grund

Stellen Sie öffentliche Flächen für privates Fahrradparken zur Verfügung.

In den meisten Wohngebäuden fehlen zeitgemäße Radabstellanlagen, die sowohl ein sicheres Verwahren ermöglichen, als auch einen schnellen und bequemen Zugang. Die Hürden das zu ändern sind besonders in zwei Situationen sehr hoch: Erstens, wenn es sich um Eigentümergemeinschaften oder um Mietwohnungen handelt, bei denen der einzelne Bewohner darauf angewiesen ist, dass die anderen Eigentümer oder der Vermieter die Kosten für eine Radabstellanlage (mit-) tragen. Zweitens, wenn auf dem eigenen Grundstück zu wenig Platz ist, um eine solche Radabstellanlage zu errichten. In beiden Fällen ist es sinnvoll, wenn die Stadt oder Gemeinde kommunale Flächen für private, zugangsgeschützte Stellplätze bereitstellt.

Grundsätzlich gibt es zwei Varianten: Sie können als Kommune eine Fläche bereitstellen, auf der ein Dritter – oft ein Verband - eine Radabstellanlage errichtet und einzelne Stellplätze (meist gegen Gebühr) anbietet und die Abwicklung mit den Nutzern übernimmt. Alternativ errichten Sie als Kommune eine Radabstellanlage und vermieten die Stellplätze direkt an die Nutzer. Angesichts der aktuellen Entwicklungen auf dem Fahrradmarkt sollten zumindest einzelne Stellplätze auch für Lastenfahrräder oder Fahrräder mit Anhänger geeignet sein.

Suchen Sie im Internet einmal nach „Hamburger Fahrradhäuschen“. Die Hansestadt ist erfolgreicher Vorreiter auf diesem Gebiet, die Nachfrage übersteigt das Angebot deutlich.

Fahrradgarage Für Bewohnerparken sollte die Anlage auch an den Seiten verschlossen sein.

37 Radfahrstreifen

infrastruktur

Markieren Sie auf allen Hauptverkehrsstraßen ohne Radweg einen Radfahrstreifen auf der Fahrbahn. Prüfen Sie, ob Sie diesen durch Trennelemente auch physisch vom Kfz-Verkehr separieren oder zumindest zur Fahrbahn einen Sicherheitstrennstreifen markieren können.

Radfahrstreifen sind verkehrsrechtlich Sonderwege, die ausschließlich dem Radverkehr vorbehalten und mit dem Verkehrsschild „Radweg" (VZ 237) gekennzeichnet sind. Für Kraftfahrzeuge (auch S-Pedelecs) besteht damit ein Verbot diese Radfahrstreifen zu befahren – hierin unterscheiden sie sich vom Schutzstreifen. Erlaubt ist lediglich das Überfahren, um in angrenzende Grundstücke einzufahren, an Parkplätzen ein- oder auszuparken und an Knotenpunkten einen Abbiegestreifen zu erreichen, der sich rechts des Radfahrstreifens befindet.

Subjektiv werden Radfahrstreifen von vielen Menschen trotzdem als Mischverkehrsführung wahrgenommen, da ein physischer Schutz vor dem Kfz-Verkehr fehlt. Problematisch sind oft die Verflechtungsbereiche an Knotenpunkten, in denen die Ströme von Kfz- und Radverkehr aufeinandertreffen. Hier ereignen sich die meisten Unfälle und das Sicherheitsgefühl von Radfahrern ist besonders schlecht. Diesen Mangel können nur geschützte Radfahrstreifen oder richtige Radwege im Seitenbereich beheben.

Radfahrstreifen sind mindestens 1,85 m breit und dürfen nur in eine Fahrtrichtung befahren werden, d.h. sie sind auf beiden Fahrbahnseiten erforderlich. Bei starkem Radverkehrsaufkommen oder Strecken mit einem hohen Anteil an mehrspurigen Fahrzeugen (Fahrradanhänger, Lastenfahrräder) sollen sie mindestens 2,00 m breit sein. Radfahrstreifen können im gesamten Streckenverlauf rot eingefärbt werden.

Abstand, bitte Radfahrstreifen mit zusätzlichem Sicherheitstrennstreifen zum Fahrstreifen

38 Radlerbrille für Planer

infrastruktur

Setzen Sie Ihre Mitarbeiter – allen voran die Stadt- und Verkehrsplaner – regelmäßig aufs Fahrrad und fordern Sie das auch von den Büros ein, die Sie beauftragen. Am besten sind die Mitarbeiter gleich mit einem Lastenfahrrad unterwegs oder zumindest mit einem Fahrradanhänger, stellen diese Gefährte doch ganz neue, für viele ungewohnte Anforderungen an die Verkehrsinfrastruktur. Eine Fahrt mit einem Lastenfahrrad kann wahrlich augenöffnend sein und eindrucksvoll vor Augen führen, wie gute Radinfrastruktur designt sein muss.

Noch immer werden selbst bei Neuplanungen grobe Fehler gemacht, die für Radfahrer umständlich, unbequem, unverständlich und im schlimmsten Fall sogar gefährlich sind: Da stehen Lichtmasten direkt im Radweg, Ampeltaster sind so angebracht, dass sie für Radfahrer schlecht erreichbar sind, Bordsteine sind unzureichend abgeflacht, Radwege enden im Nichts, Kurvenradien sind viel zu eng bemessen, Umlaufsperren verhindern die Weiterfahrt – um nur einige von vielen Beispielen aus der Radfahrerpraxis zu nennen.

Das passiert, wenn die Planer aus der Perspektive des Autofahrers planen – und als Autofahrer tun sie das ganz automatisch. Ein Perspektivenwechsel kann Wunder bewirken. Diesen bekommen Sie aber nicht, wenn Ihre Mitarbeiter nur am grünen Tisch planen, es braucht vielmehr das eigene Erleben der Verkehrssituation und des Planungsraums als Radfahrer.

Es ist übrigens bei Maßnahmen im Verkehrsraum (nahezu) immer sinnvoll, wenn Sie Ihre Planer aufs Rad setzen. Der Radverkehr muss immer mitgedacht werden, auch wenn gar keine eigene Radverkehrsanlage vorgesehen ist.

Klein aber fein Eigener Ampeltaster für Radfahrer, bequem vom Radweg aus erreichbar

39 Radschnellweg

infrastruktur

Richten Sie zusammen mit Nachbarkommunen einen (oder mehrere) Radschnellweg(e) ein, wenn Sie auf bestimmten Pendelbeziehungen eine größere Anzahl von Menschen in den Sattel bringen möchten. Beispielsweise konnte in den Niederlanden nachgewiesen werden, dass Radschnellwege ein effektives Anti-Stau-Programm sind, weil sie Pendler zum Umstieg auf das Fahrrad bewegen und so die Verkehrsbelastung auf den Straßen reduziert wird. Da Radschnellwege den Anspruch haben Verkehr auf das Fahrrad zu verlagern, gelten für sie höhere Qualitätsstandards hinsichtlich Breite und Entwurfsgeschwindigkeit, Reisezeitverlusten an Knotenpunkten, ganztägige bzw. –jährige Befahrbarkeit sowie Interaktion mit Fußgängern und Radfahrern. Zum Einsatz kommen daher vorrangig vom Fuß- und Kfz-Verkehr baulich getrennte Radwege, innerhalb bebauter Gebiete mitunter auch Mischverkehrsführungen mit Kfz. Fahrradstraßen können eine attraktive Variante für innerörtliche Abschnitte sein. Da zusätzlich zu Radwegen auch andere Führungsformen in Frage kommen, wird oft auch übergreifend von Radschnellverbindungen gesprochen.

Mit Radschnellwegen soll vorrangig der alltägliche Berufs- und Ausbildungsverkehr gewonnen werden, sie eignen sich ab einem täglichen Potenzial von etwa 2.000 Radfahrten. Die Mindeststreckenlänge liegt bei 5 km. Radschnellwege werden daher gezielt auf bestimmten linienhaften Verbindungen eingesetzt. Ein zusammenhängendes Netz ergibt sich erst durch weitere Radverbindungen. Dort, wo der hohe Qualitätsstandard nicht realisiert werden kann, entstehen oftmals Radverbindungen mit etwas reduzierten Standards, die dann im Regelfall anders bezeichnet werden.

Reisen, nicht rasen Radschnellweg mit gemeinsamer Führung von Rad- und Fußverkehr in Hessen

40 Radwegüberfahrt

infrastruktur

Heben Sie die Fahrbahn der Querstraßen in Einmündungsbereichen auf das Niveau des Radwegs an. Dieses Gestaltungsprinzip wird als Radwegüberfahrt bezeichnet.

Die Vorteile: Radfahren wird deutlich bequemer, weil der Radweg an den Einmündungen auf einem Niveau fortgeführt wird und auf Materialkanten (Bordsteine) verzichtet werden kann. Das Hoppeln über abgesenkte Bordsteine entfällt. Vielmehr ist es der Querverkehr, der den Höhenunterschied bewältigen muss. Neben dem Fahrkomfort verbessern Radwegüberfahrten aber vor allem die Verkehrssicherheit für Radfahrer. Der straßenbegleitende Radweg kann beim Abbiegen nicht mehr so einfach übersehen werden und durch den Höhenunterschied reduzieren sich die Abbiegegeschwindigkeiten der ein- und ausfahrenden Fahrzeuge deutlich. Ist dann zusätzlich sichergestellt, dass sich Auto- und Radfahrer rechtzeitig sehen können (d.h. es muss alles aus dem Weg, was die Sichtbeziehungen zu sehr einschränkt: parkende Fahrzeuge, Begrünung, Stadtmobiliar etc.), haben Sie eine sehr sichere und für Radfahrer attraktive Verkehrsführung geschaffen. Das Prinzip der Radwegüberfahrt kann und sollte auch an Grundstückszufahrten eingesetzt werden, indem am Übergang zwischen Fahrbahn und Radweg Rampensteine verwendet werden.

Radwegüberfahrten werden in Deutschland noch vergleichsweise selten gebaut, sie finden sich aber bereits heute in den technischen Regelwerken für den Radverkehr. So führen die „Empfehlungen für Radverkehrsanlagen“ (ERA 2010) Radwegüberfahrten beispielsweise für Zweirichtungsradwege explizit als Gestaltungselement auf.

Cool Radwegüberfahrt

41 Rampensteine

Verbauen Sie an Einmündungen und Grundstückszufahrten Rampensteine zwischen Fahrbahn und Rad- bzw. Gehweg.

Rampensteine ermöglichen es Ihnen, einen Geh- oder Radweg auch dann auf gleicher Höhe fortzuführen, wenn sich im Streckenverlauf Grundstückszufahrten oder Einmündungen befinden. Dies hat zwei entscheidende Vorteile: (1) Für Fußgänger und Radfahrer erhöhen sich Komfort und Sicherheit (Rutschgefahr im Winter!) erheblich; (2) Die Geschwindigkeit ein- und ausfahrender Kfz verringert sich merklich, da es nun die Autos und der Schwerverkehr sind, die den Höhenunterschied zwischen Fahrbahn und Geh- bzw. Radweg überwinden müssen. Dies und die ausgezeichnete Sichtbarkeit der Radverbindung erhöhen die Verkehrssicherheit.

Bei Rampensteinen handelt es sich um sinusförmige bzw. schräge Betonsteine, die sowohl von Kfz-, als auch dem Radverkehr bei angemessener Geschwindigkeit bequem überfahren werden können. Sie können daher ebenfalls gut eingesetzt werden, um dem Radverkehr die Auffahrt auf einen Radweg zu ermöglichen.

Unterschätzt Rampensteine im Bereich einer Grundstückszufahrt (im Bild: getrennter Geh- und Radweg)

42 Rote Radverkehrsanlagen

infrastruktur

Färben Sie Radverkehrsanlagen (z.B. Radwege, Schutz- und Radfahrstreifen) im gesamten Streckenverlauf rot ein – Fahrradstraßen zumindest an den Knotenpunkten. Eine rote Oberfläche erhöht Sichtbarkeit und Akzeptanz des Radverkehrs und verbessert das Sicherheitsempfinden der Radfahrer deutlich, wie Untersuchungen gezeigt haben.

Die Maßnahme ist vergleichsweise einfach, erfordert in der Praxis jedoch eine aktive Entscheidung (Vorgabe) des Bürgermeisters oder Gemeinderates bzw. Stadtrates. Denn Roteinfärbungen sind teurer als eine herkömmliche graue Asphaltoberfläche, so dass hierfür Finanzmittel im Haushalt eingeplant werden müssen (auch für den Unterhalt). Zum anderen war die einheitliche Praxis bisher, dass Radverkehrsanlagen nur an potenziellen Konfliktbereichen rot gefärbt werden – also an Grundstückszufahrten, Einmündungen und ähnlichen Stellen, die auch vom Kfz-Verkehr befahren oder überfahren werden. Dies sollte dazu beitragen, dass alle Verkehrsteilnehmer auf die Konfliktstelle aufmerksam werden. Immer mehr Städte und Gemeinden verabschieden sich jedoch von dieser Praxis und färben den kompletten Streckenverlauf einer Radverkehrsanlage ein (z.B. Nürnberg oder Münster). Diese Vorgehensweise ist rechtlich zulässig und sinnvoll, wenn mehr Menschen für das Radfahren gewonnen werden sollen.

Radverkehrsanlagen können rot eingefärbt werden, indem auf den bestehenden grauen Asphalt eine rote (Farb-) Schicht aufgebracht oder aber der Asphalt selbst mit Farbpigmenten rot gefärbt und dann verbaut wird. Insbesondere bei Beschichtungen der Asphaltdeckschicht ist auf eine griffige Oberfläche zu achten.

Wie in Holland Radweg mit roter Asphaltdeckschicht

43 Schutzstreifen

infrastruktur

Legen Sie außerhalb der Tempo-30-Zonen Schutzstreifen (auch: Angebotsstreifen) auf der Fahrbahn an. Diese Maßnahme eignet sich vor allem dort, wo – selbst bei einer Umgestaltung des Straßenraums – aus Platzgründen keine hochwertigere Lösung geschaffen werden kann oder wo Sie übergangsweise mit schnellen und einfachen Maßnahmen ein erstes Grundangebot schaffen möchten. Viele Kommunen setzen sie jedoch bewusst als dauerhafte Lösung ein, weil sie günstig sind, meist keine Flächenumverteilung erforderlich machen und in den technischen Regelwerken (ERA 2010, RASt 06) gleichrangig zu anderen Führungsformen aufgeführt sind (sofern die Einsatzgrenzen eingehalten werden). Bei Nutzern und Verbänden (z.B. ADFC) stehen die Markierungen als „Angststreifen“ dennoch zunehmend in der Kritik, weil Radfahrer ungeschützt im Mischverkehr mit Kraftfahrzeugen mitfahren müssen. Im Winter werden Radstreifen am Fahrbahnrand beim Räumen zudem oft mit Schnee zugeschoben und sind nicht mehr nutzbar.

Schutzstreifen werden mit einer gestrichelten Schmalstrichmarkierung und regelmäßigen Fahrradpiktogrammen gekennzeichnet und sind nur innerorts zugelassen. Sie dürfen vom Kfz-Verkehr ausschließlich im Bedarfsfall überfahren werden – also nur wenn die Restfahrbahn nicht ausreicht. Damit das möglichst selten vorkommt, muss diese mindestens 4,50 m breit sein. Der Straßenbaulastträger darf Schutzstreifen durchgehend rot einfärben, um die Radverkehrsanlage für alle Verkehrsteilnehmer zu verdeutlichen und das Sicherheitsgefühl für Radfahrer zu erhöhen.

Schutzstreifen sind 1,50 m breit (Regelbreite), mindestens jedoch 1,25 m. Zu parkenden Fahrzeugen sollte immer ein Sicherheitstrennstreifen markiert werden.

Farbe als Ersatz für Radinfrastruktur Schutzstreifen mit Sicherheitstrennstreifen zu parkenden Fahrzeugen

44 Umlaufsperren

Sperrgitter bzw. Umlaufsperren sind unnötige Hindernisse auf Radwegen – bauen Sie diese ab! Die Sperren sind für jeden Radfahrer hinderlich und können dazu führen, dass größere Lastenfahrräder oder Gespanne (Fahrrad mit Anhänger) die Schikane nicht oder nur sehr umständlich passieren können. Je nach Ausführung können Umlaufgitter sogar schon mit einzelnen Packtaschen hinderlich sein.

Solche Gitter werden üblicherweise dort verwendet, wo Radfahrer vor Konfliktpunkten (oft Hauptverkehrsstraßen) gewarnt und abgebremst werden sollen. Für den Einsatz setzen die technischen Regelwerke sehr enge Grenzen und machen Vorgaben, wie Umlaufsperren baulich gestaltet werden sollten, wenn sie denn schon aufgestellt werden. Die Vorgaben betreffen u.a. Durchlassbreiten und die Überlappung der gegenläufigen Gitter. In der Praxis verfehlen die meisten Sperrgitter diese Mindeststandards.

Unabhängig davon: Aus fachlicher Sicht kann und sollte auf Umlaufsperren immer verzichtet werden. Der Werkzeugkasten der Verkehrsplaner, Tiefbauer und Straßenverkehrsbehörden hält ausreichend Varianten bereit, um solche Stellen im Verkehrsraum auch ohne Sperrgitter verkehrssicher zu gestalten. Beim Kfz-Verkehr kommt ja auch niemand auf die Idee, den (viel schnelleren) Verkehr vor Konfliktpunkten auf diese Art und Weise zu bremsen. Stattdessen wird z.B. auf Verkehrsschilder (Vorfahrt gewähren, Stopp-Schild), Lichtzeichenanlagen, Fahrbahnmarkierungen, bauliche Maßnahmen oder Veränderungen der Sichtbeziehungen zurückgegriffen. Dieses Repertoire steht auch im Radverkehr zur Verfügung. Nutzen Sie es!

Weg damit! Umlaufsperre als Hindernis

45 Umweltspur

infrastruktur

Wenn Sie Linienbus- und Radverkehr auf einer gemeinsamen Spur führen müssen: Weisen Sie die Spur als Radfahrstreifen (VZ 237) mit dem Zusatzschild „Linienverkehr frei“ (VZ 1026-32) aus.

Bei dieser Beschilderung besteht für Linienbusse keine Benutzungspflicht, so dass diese für Überholvorgänge auch die angrenzende Fahrspur des Kfz-Verkehrs nutzen dürfen. Anders ist dies bei der gängigen, umgekehrten Variante, bei der Busspuren (Bussonderfahrstreifen, VZ 245) eingerichtet und für die Nutzung durch den Radverkehr freigegeben werden.

Geeignet ist die kombinierte Führung von Linienbus- und Radverkehr auf einer gemeinsamen Sonderspur insbesondere, wenn diese mindestens 4,75 m breit ist.

Unabhängig von der verkehrsrechtlichen Ausweisung sollte die kombinierte Führung auf einer Spur die letzte Lösungsmöglichkeit sein. Besser geeignet sind Radverkehrsanlagen, die rechts des Bussonderfahrstreifens geführt werden, z.B. baulich getrennte Radwege oder Radfahrstreifen, wie im nebenstehenden Fotobeispiel ersichtlich.

Koexistenz Bussonderfahrstreifen mit angrenzendem Radfahrstreifen

46 Vorderradklemme

infrastruktur

Ersetzen Sie veraltete Fahrradständer, bei denen nur das Vorderrad fixiert wird durch zeitgemäße Systeme. Diese so genannten Vorderradklemmen haben mehrere gravierende Nachteile. Die zwei wichtigsten:

1. Die Fahrräder können leicht umkippen – wenn die Räder eng nebeneinanderstehen, kann ein Dominoeffekt auftreten und es liegen gleich mehrere Räder am Boden. Da das Vorderrad fest eingestellt ist, werden dabei häufig die Felgen erheblich beschädigt. Vorderradklemmen werden daher inoffiziell auch als Felgenkiller bezeichnet. Bei der Auswahl eines geeigneten Abstellsystems ist daher darauf zu achten, dass der gesamte Fahrradrahmen fixiert werden kann (beispielsweise durch eine Vorrichtung am Abstellsystem oder durch das vom Fahrer mitgeführte Fahrradschloss).

2. Die Fahrräder können sehr leicht gestohlen werden, da nur das Vorderrad angeschlossen werden kann. Die Mindestanforderung ist, dass der Rahmen fest an das Abstellsystem angeschlossen werden kann. Dort, wo Fahrräder über Nacht abgestellt werden oder mit erhöhter Vandalismus- bzw. Diebstahlgefahr zu rechnen ist, eignen sich zugangsgeschützte Systeme. Dabei hat nur der Nutzer selbst oder ein eingeschränkter Nutzerkreis Zugang zum abgestellten Fahrrad.

Ups Nachteile von Vorderradklemmen („Speichenkiller")

47 Weiße Randmarkierung

infrastruktur

Statten Sie Ihre Radwege außerhalb der bebauten Gebiete mit einer weißen Randmarkierung auf beiden Seiten aus – punktuell ergänzt um weitere Fahrbahnmarkierungen, welche die Verkehrsführung hervorheben oder eine Vorrangreglung verdeutlichen.

Die weiße Randmarkierung ist 12 cm breit (der so genannte „Schmalstrich") und verläuft als durchgehende Markierung an beiden Rändern des Radwegs. Während eine Randmarkierung als Abgrenzung zum Bankett bei Außerortsstraßen Standard ist, sind bislang nur wenige Radwege mit einer Markierung ausgestattet. Ein Grund dafür ist, dass die für den Radverkehr relevanten Regelwerke dies nur in Sondersituationen vorsehen – insbesondere bei hoher Blendgefahr durch den Kfz-Verkehr oder einer unübersichtlichen Radverkehrsführung. Immer häufiger bringen Straßenbaulastträger die Schmalstrichmarkierung trotzdem auf, weil sie die Sicherheit für Radfahrende erhöht. Schließlich ist der Streckenverlauf auch bei schlechten Sichtverhältnissen deutlich besser zu erkennen. Die weiße Randmarkierung wird daher vor allem außerhalb bebauter Gebiete eingesetzt, kann aber auch innerorts sinnvoll sein.

Zusätzlich sollten weitere Markierungen auf dem Radweg und ggf. Verkehrszeichen genutzt werden, darunter Richtungspfeile an Abzweigen, unterbrochene bzw. durchgehende Mittelmarkierung in Kurvenbereichen und anderen unübersichtlichen Streckenabschnitten. Wenn ein Radweg einen anderen kreuzt (oder einen Wirtschaftsweg, eine Straße etc.), sollte der Vorrang ebenfalls klar ersichtlich sein. Dazu können die bekannten Markierungen und Verkehrszeichen verwendet werden, z.B. Wartelinien.

Einfach sicherer Weiße Randmarkierung auf einem außerörtlichen Radweg

48 Betriebliches Mobilitätsmanagement

Stoßen Sie bei den Unternehmen in Ihrer Kommune ein betriebliches Mobilitätsmanagement (BMM) an – gehen Sie selbst mit gutem Beispiel voran und beginnen Sie zunächst im Rathaus bzw. den eigenen Einrichtungen sowie den Kommunalunternehmen.

Unter BMM versteht man eine Strategie, um den durch den Geschäfts- bzw. Behördenbetrieb ausgelösten Verkehr gezielt zu steuern, d.h. einerseits zu reduzieren und andererseits den stattfindenden Verkehr möglichst umweltschonend zu gestalten. Betrachtet werden dabei z.B. die Wege der Mitarbeiter zwischen Wohn- und Arbeitsstätte, Geschäfts- und Dienstreisen oder Lieferverkehre. Beim BMM werden auf den Betrieb zugeschnittene Maßnahmen entwickelt. Dies können bei den Mitarbeiterverkehren z.B. Job Tickets, Fahrgemeinschaften, Dienstradangebote, geschützte Radabstellanlagen oder Umkleide- und Sanitärräume für Radfahrer sein. Trotz der Vorteile durch höhere Mitarbeitermotivation und –bindung, gesündere Beschäftigte oder Kosteneinsparungen brauchen viele Geschäftsführungen den Anstoß, damit sie sich zusätzlich zum Alltagsgeschäft mit dieser Thematik befassen. Diese Rolle kann auch die Stadt oder Gemeinde einnehmen: durch persönliche Gespräche, Hinweise auf Förderprogramme von Bund und Ländern oder durch ein eigenes kommunales Förderprogramm. So unterstützt beispielsweise die Stadt München größere Betriebe aus Stadt und Landkreis München über einen Zeitraum von zehn Monaten mit kostenlosen Workshops und Beratungen (Stand: 3/2020). Diese werden von einem externen Dienstleister durchgeführt.

Unabdingbar, auch beim BMM Radabstellanlage für Mitarbeiterinnen und Mitarbeiter

49 Fahrradakademie

information

Nutzen Sie selbst die Fortbildungsangebote der Fahrradakademie und ermöglichen Sie auch Ihren Mitarbeitern eine Teilnahme. Die einfachste Form sind die online durchgeführten Webinare zu ausgewählten Themen. Dort vermitteln anerkannte Experten in lediglich 60 Minuten alle wichtigen Informationen zum Seminarthema und beantworten die Fragen der Teilnehmer. Die Teilnahme erfolgt am eigenen PC und ist kostenlos. Das Weiterbildungsangebot der Fahrradakademie wird durch ein- oder zweitägige Präsenzveranstaltungen (Seminare, Workshops, Fachexkursionen) ergänzt. Hier besteht die Möglichkeit, Themen zu vertiefen und sich mit den anderen Teilnehmern auszutauschen. In jedem Kalenderjahr legt die Fahrradakademie dazu einige wenige Seminarreihen auf, von denen sich jede mit einem Fachthema befasst (z.B. Sichere Gestaltung von Kreuzungen, Fahrradparken). Über das Programmjahr verteilt, wird jede Programmreihe in drei bis vier Städten in Deutschland durchgeführt. Dank der öffentlichen Förderung sind die Weiterbildungen kostengünstig.

Die Fahrradakademie ist ein Angebot des Deutschen Instituts für Urbanistik (Difu) in Berlin. Sein Zweck besteht darin, den mit der Radverkehrsförderung beteiligten Stellen (z.B. Kommunalverwaltung, Planungsbüros) niederschwellige Fortbildungen zu ermöglichen. Sie ist der bedeutendste Anbieter von Weiterbildungen in Deutschland. Eine Teilnahme ist (in Abhängigkeit des Themas) insbesondere für Mitarbeiter aus diesen Bereichen relevant: Radverkehrsförderung, Tiefbau, Verkehrsplanung, Straßenverkehrsbehörde, Ordnungsamt und Bürgermeisteramt.

Wissensvermittler Seminare und Webinare zur Gestaltung von Radinfrastruktur sind ein Baustein der Fahrradakademie

50 Wanderausstellung

information

Sensibilisieren Sie Ihre Bürger für bevorstehende Veränderungen, indem Sie eine unterhaltsame und informative Ausstellung im Rathaus, der örtlichen Sparkassen-Filiale oder einem anderen geeigneten öffentlichen Ort zeigen.

Die einfachste Möglichkeit ist es, eine entsprechende Wanderausstellung bei einem Anbieter zu buchen und für einige Wochen vor Ort zu präsentieren. Um die Aufmerksamkeit zu erhöhen, sollte die Ausstellung nicht nur durch eine aktive Presse- und Öffentlichkeitsarbeit begleitet werden. Als Ergänzung können weitere Möglichkeiten genutzt werden, z.B.: eine Ausstellungseröffnung mit einem Grußwort des Bürgermeisters, begleitende Vorträge, ein Büchertisch mit Publikationen zum Radverkehr, eine Ausfahrt mit dem Fahrrad, ein Fahrradsicherheitscheck, eine Fahrradcodieraktion zur Vorbeugung von Diebstählen sowie Kampagnen wie Stadtradeln oder „Mit dem Rad zur Arbeit“. Natürlich können Sie diese Liste beliebig erweitern. Seien Sie kreativ!

Veränderungen rufen häufig Widerstände hervor, auch und gerade wenn es die eigene Straße oder Mobilität betrifft. Wenn die Maßnahme umgesetzt ist und die Menschen die Vorteile schließlich selbst erleben können, ist die Zustimmung erfahrungsgemäß sehr hoch. Eine Ausstellung kann dabei helfen, im Vorfeld den Boden für einen gesellschaftlichen Konsens zu bereiten (z.B. Ausstellung über erfolgreiche Fahrradstädte) oder auch die Umsetzung einer Maßnahme kommunikativ zu begleiten (z.B. eine Ausstellung über Fahrradstraßen, wenn Sie eine solche einrichten wollen).

Aufs Korn genommen Illustration der Wanderausstellung „Absurdes aus der Verkehrsplanung"

51 ADFC-Fahrradklima-Test

kommunikation

Bewerben Sie aktiv den alle zwei Jahre stattfindenden ADFC-Fahrradklima-Test und nutzen Sie die detaillierten Ergebnisse, um die Radverkehrssituation gezielt zu verbessern.

Der Fahrradklima-Test ist eine nicht-repräsentative Umfrage des ADFC, bei der mit Hilfe eines Fragebogens die Fahrradfreundlichkeit erhoben wird. Abgefragt werden verschiedene Kategorien, darunter das allgemeine Fahrrad- und Verkehrsklima, der Stellenwert des Fahrrads in der Kommune, Sicherheit und Komfort sowie Infrastruktur und Radverkehrsnetz. Die Erhebung wird online innerhalb eines festgelegten Befragungszeitraums durchgeführt und steht allen Bürgern in Deutschland offen. Bei der Befragung im Jahr 2018 haben sich rund 170.000 Personen beteiligt. Sie wird vom Bundesministerium für Verkehr und digitale Infrastruktur (BMVI) gefördert. Das Besondere am Fahrradklima-Test ist, dass die Teilnehmer explizit zur Radverkehrssituation ihres Wohnortes befragt werden. Erhoben werden also keine allgemeinen Daten für ganz Deutschland, sondern konkrete Ergebnisse für jede einzelne Kommune – sofern die Mindestteilnehmerzahl von 50 Personen erreicht wird. Die Bewertung erfolgt für jede Fragestellung anhand einer sechsstufigen Skala, aus allen Rückmeldungen ergibt sich eine Gesamtbewertung der Kommune, die in einer Schulnote ausgedrückt wird. Diese lässt einen interkommunalen Vergleich zu. Zur besseren Vergleichbarkeit werden die teilnehmenden Städte und Gemeinden zu diesem Zweck anhand ihrer Einwohnerzahl einer von fünf Größenklassen zugeordnet. Durch den Abgleich der Ergebnisse mehrerer Fahrradklima-Tests ist eine Schlussfolgerung über den Erfolg der lokalen Radverkehrsförderung im Zeitablauf möglich.

Feedback Der Fahrradklima-Test liefert individuelle Ergebnisse für jede Kommune

52 Beitritt zur AGFK

Werden Sie als Stadt, Gemeinde oder Landkreis Mitglied in der AGFK Ihres Bundeslandes. Die Abkürzung steht für „Arbeitsgemeinschaft fahrradfreundliche Kommunen". Dabei handelt es sich um formelle Zusammenschlüsse von Kommunen eines Bundeslandes, die den Radverkehr fördern wollen, sich dazu miteinander vernetzen und gegenüber der Landesregierung mit einer Stimme sprechen. Solche Arbeitsgemeinschaften gibt es mittlerweile in den meisten Bundesländern, auch wenn sie im Einzelfall etwas anders heißen, z.B. „Arbeitsgemeinschaft fußgänger- und fahrradfreundlicher Städte, Gemeinden und Kreise in NRW" (AGFS) oder „Arbeitsgemeinschaft Nahmobilität Hessen" (AGNH). Auch die organisatorische Struktur und die Verbindlichkeit der Mitgliedschaft können abweichen. In vielen Fällen geht mit der Mitgliedschaft die Verpflichtung einher, den Radverkehr gezielt und dauerhaft zu fördern und die eigenen Bemühungen von einer Bewertungskommission überprüfen zu lassen. Diese verleiht dann den Titel als „Fahrradfreundliche Kommune". AGFK-Kommunen haben durch ihre Mitgliedschaft konkrete Vorteile wie Vernetzung und Wissenstransfer sowie Zugriff auf Seminare, Informations- und Kampagnenmaterial oder Leitfäden. Im Regelfall unterstützen die Bundesländer die AGFKs finanziell und tauschen sich mit ihnen auf fachlicher Ebene aus.

Die Mitgliedschaft ist in zahlreichen Kommunen bereits der Anstoß gewesen, sich systematisch mit der Förderung des Radverkehrs zu befassen und die dafür erforderlichen personellen, organisatorischen und finanziellen Ressourcen bereitzustellen.

Mehrwert Publikationen der AGFK Bayern und der AGNH Hessen für Kommunen

53 Car Bike Port

Das Fahrrad ist ein äußerst platzsparendes Verkehrsmittel. Ein parkendes Auto nimmt etwa zehn Quadratmeter öffentlichen Raum in Anspruch. Auf der gleichen Fläche können bequem zehn herkömmliche Fahrräder abgestellt werden – durch Verwendung von Doppelstockparksystemen, bei denen die Fahrräder auf zwei Ebenen übereinander abgestellt werden, sogar die doppelte Anzahl von 20 Rädern. Je mehr Menschen vom Auto auf das Fahrrad umsteigen, desto mehr Fläche steht für eine anderweitige Nutzung zur Verfügung, darunter breitere Gehwege, Radverkehrsanlagen, Stadtbegrünung, Sitzgelegenheiten oder Außenflächen für die Gastronomie. Und: Mehr Kunden können in unmittelbarer Nähe der Geschäfte parken. Für den örtlichen Einzelhandel ist das auch deshalb vorteilhaft, weil Radfahrer die besseren Kunden sind. Verschiedene Untersuchungen haben nachgewiesen, dass Radfahrer mehr Geld ausgeben als Autofahrer. Zwar ist der Umsatz mit Radfahrern je Einkauf geringer, dafür kommen sie im gleichen Zeitraum aber öfter ins Geschäft – und kaufen unter dem Strich mehr ein.

Mit dem Car Bike Port können Städte und Gemeinden besonders eindrucksvoll auf die hohe Flächeneffizienz des Fahrrades aufmerksam machen. Bei einem Car Bike Port wird eine Radabstellanlage mit der Silhouette eines Pkw versehen. Auf diese Weise wird der Öffentlichkeit sehr plastisch vor Augen geführt, wie viel Platz ein einzelner Pkw beansprucht und viele Fahrräder auf der gleichen Fläche abgestellt werden können.

Huch?! Car Bike Port auf einem Marktplatz

54 Danke, dass...

kommunikation

Zeigen Sie Ihre Wertschätzung für Radfahrerinnen und Radfahrer, indem Sie einfach mal Danke sagen.

Möglichkeiten dazu gibt es Zuhauf: Sie können an Ampeltrittbrettern oder Radabstellanlagen einen entsprechenden Schriftzug anbringen: „Danke, dass Du Fahrrad fährst!" Oder Sie erwerben für drei Euro fünfzig eine Schablone, eine Dose Sprühkreide und tragen das Dankeschön auf der Oberfläche eines Radwegs oder einer Fahrradstraße auf. Mit einem „Danke" in Verbindung mit einem Fahrradsymbol kann die Botschaft auch mit einer Schablone kurz und knackig platziert werden. Es gibt Sprühkreiden, die bereits nach dem ersten richtigen Regenguss wieder weggespült sind, andere halten bis zu einigen Wochen.

Sehr gut kommt es auch an, wenn Sie die nette Botschaft mit einem greifbaren Dankeschön verbinden. Stellen Sie sich doch einfach einmal an einen Radweg, in eine Fahrradstraße oder an die Radabstellanlage des Bahnhofs und drücken den Radfahrern einen Apfel oder eine Brezel in die Hand. Oder Sie schnappen sich eine Standluftpumpe sowie etwas Kettenöl, um den verdutzten Radfahren die Fahrradkette zu ölen und die Reifen aufzupumpen. Kurz: Es gibt viele Wege Danke zu sagen. Seien Sie kreativ! Das Einzige, worauf Sie achten sollten: Ihre Radverkehrsförderung muss über solche Gesten natürlich hinausgehen. Wer sich auf eine solche Aktion beschränkt und Radfahrer ansonsten vernachlässigt, wird möglicherweise eher Unverständnis und Ablehnung ernten.

Sympathisch Ein kleines Dankeschön des Landkreises auf einem Radweg, aufgetragen mit Sprühkreide

55 Guerilla-Marketing

Nutzen Sie Sprühkreide für Guerilla-Marketing!

Als Guerilla-Marketing werden Marketingaktionen bezeichnet, die mit einem geringen Mitteleinsatz eine hohe Außenwirkung erzielen, indem sie auf das Überraschungsmoment beim Betrachter setzen. Werbetreibende setzen dabei auf unkonventionelle Methoden, die für eine besondere Aufmerksamkeit sorgen sollen.

Mit Sprühkreide können Sie in Ihrer Stadt, Ihrer Gemeinde oder Ihrem Landkreis genau das erreichen, wenn Sie eine Botschaft transportieren, die Ihre Zielgruppe so nicht erwartet. Für die Umsetzung benötigen Sie lediglich eine Schablone sowie eine Sprühkreide, mit der Sie die Botschaft auf einen Radweg oder eine Fahrradstraße aufsprühen (die Sprühkreide verblasst von selbst und muss durch den Bauhof nicht wieder entfernt werden).

Eine gern genutzte Botschaft ist ein Dankeschön an die Radfahrer – Danke, dass ihr Fahrrad fahrt. Echtes Guerilla-Marketing zielt noch etwas mehr auf den Überraschungseffekt ab. Überlegen Sie doch mal, mit welcher Botschaft Sie einen Aha-Effekt erzeugen können – bei jenen, die bereits Rad fahren oder auch bei jenen, die (noch) das Auto nutzen.

Etwas, das sich immer wieder beobachten lässt, ist, dass die Fahrzeiten mit dem Auto unterschätzt und jene mit dem Fahrrad überschätzt werden. Wenn es also beispielsweise darum geht, dass Sie die Schnelligkeit des Verkehrsmittels Fahrrad vor Augen führen möchten, könnten Sie die Fahrzeit zu einem Ziel in Minuten angeben: „In 3 Min. zum Bahnhof". Oder Sie ziehen gar den Vergleich zur Autofahrt und ergänzen sinngemäß: „Aber 5 Min. mit dem Auto."

Frohe Botschaft Klassisches Guerilla-Marketing auf einer Radverbindung

56 Händlern mobile Radständer leihen

Helfen Sie Ihren Einzelhändlern dabei, die Anzahl der Stellplätze vor ihrem Ladengeschäft mit einem Schlag zu verachtfachen und ihren Umsatz zu steigern – indem Sie ihnen für vier Wochen mobile Fahrradständer vor die Türe stellen.

Radfahrer sind die besseren Kunden. Was für viele Ohren komisch klingt, hat sich in allen Studien zu diesem Thema bestätigt – in der Fahrradstadt Kopenhagen ebenso wie in Frankreich, Österreich oder Deutschland. Die Arbeitsgemeinschaft fahrradfreundliche Kommunen in Bayern (AGFK Bayern) hat die Studienergebnisse einmal zusammengefasst und in einer informativen Broschüre veröffentlicht. Die Kernaussage: Radfahrer kaufen zwar weniger ein, sie kommen allerdings öfter ins Geschäft als Autofahrer. Unter dem Strich geben sie mehr Geld aus.

Eigentlich müsste jeder Einzelhändler radfahrende Kunden ganz besonders pflegen und umwerben. Häufig ist das Gegenteil der Fall. Als „richtige" (und wichtige) Kunden werden häufig noch jene angesehen, die mit dem Pkw vorfahren. Dieses Denken ändern Sie nicht mit Broschüren oder Pressemitteilungen. Die relevanten Akteure müssen vielmehr selbst spüren, dass sie es bei Radfahrern mit einer wichtigen Zielgruppe zu tun haben. Ist das der Fall, werden Sie viel mehr Rückenwind haben, wenn Sie etwas für den Radverkehr tun (und dabei sicher auch den Kfz-Verkehr einschränken).

So geht's: Kaufen Sie dazu mobile Fahrradanlehnbügel, suchen Sie verbündete Einzelhändler und stellen Sie ihnen diese für vier Wochen kostenlos vor das Geschäft. „Verkaufen" Sie diesen Mehrwert nicht als Radverkehrs- sondern als Wirtschaftsförderung. Richtig platziert, werden sie gut angenommen und der Radfahrer werden als Kunden sichtbarer.

Ganz schön voll Paradebeispiel für den Einsatz mobiler Fahrradständer zur Umverteilung von Parkraum

57 Hauptroutenlogo

Verwenden Sie das Hauptroutenlogo, um die zentralen Radrouten in Ihrer Stadt, Gemeinde oder Ihrem Landkreis sichtbar zu machen. Sie können das Logo als Piktogramm auf dem Radweg und der Fahrbahn aufbringen oder auf Schilder zurückgreifen.

Um Menschen zum Radfahren zu motivieren, ist ein attraktives Netz an Hauptrouten (oft auch: Radvorrangrouten, Raddirektrouten, Velorouten) essenziell. Diese sollten Sie zügig definieren, ausbauen und dann proaktiv vermarkten. Letzteres kann das Hauptroutenlogo leisten. Es besteht aus einem weißen Fahrradpiktogramm (mit radfahrender Person) auf einem auffälligen grünen Grund. Diese Bestandteile des Logos sind immer gleich, sodass über alle Kommunen in ganz Deutschland hinweg ein hoher Wiedererkennungswert gegeben ist.

Zusätzlich haben Sie die Möglichkeit, eigene Routenbezeichnungen festzulegen und diese in das Logo aufzunehmen – beispielsweise „Veloroute 2“, „Innenstadt-Route“ oder „Schul-Route“. Möglich sind auch Abkürzungen wie „FR 2“. Dies ermöglicht ein hohes Maß an Individualisierung.

Das Hauptroutenlogo kann als Markierung auf der Fahrbahn bzw. dem Radweg aufgebracht werden. In Verbindung mit einem weißen Richtungspfeil kann jede beliebige Fahrtrichtung angezeigt werden, z.B. an Abzweigen. Ergänzend oder alternativ können auch die nichtamtlichen Hinweisschilder (ca. 30 x 30 cm) mit dem Hautroutenlogo verwendet werden. Zudem besteht die Möglichkeit, es in die offizielle grün-weiße Radwegweisung zu integrieren. Weitere Informationen und Marketingmaterial für Kommunen gibt es unter www.routenlogo.de

Auffallend. Ansprechend. Einfach. Logo zur Verdeutlichung von Velorouten.

58 Kostenlose Fahrrad-Parkplätze bewerben

Drehen Sie den Spieß um, indem Sie kostenlose Parkmöglichkeiten für Radfahrer bewerben – beispielweise in der Innenstadt oder am Bahnhof. In jedem Fall dort, wo Kfz-Stellplätze rar oder zumindest kostenpflichtig sind.

Vergleichsweise verbreitet ist es (noch), dass Einzelhändler oder sogar die Kommune, die das als Wirtschaftsförderung versteht, kostenloses Parken für Autos offensiv bewirbt. Man erhofft sich damit eine höhere Attraktivität bei den (potenziellen) Kunden und somit mehr Umsatz (dabei zeigen Untersuchungen, dass fahrradfahrende Kunden die besseren Kunden sind, da sie öfter in die Geschäfte kommen und insgesamt mehr Geld ausgeben). Für alle, die mit dem Fahrrad kommen, ist die Frage nach kostenlosen Abstellmöglichkeiten natürlich irrelevant. Sie fahren ohnehin bis vor das Ladengeschäft, stellen ihr Fahrrad dort ab und können dann bequem einkaufen. Eine Marketingkampagne, die kostenlose Fahrradparkmöglichkeiten bewirbt, ist deshalb auf den ersten Blick absurd. Und genau deswegen ist sie auch ein Hingucker – nicht nur bei jenen, die ohnehin mit dem Fahrrad fahren, sondern vor allem auch bei denen, die sich noch immer für das Auto entscheiden. Selbst wenn Sie nicht bei allen sofort ein neues Mobilitätsverhalten auslösen, verändert eine solche Kampagne sukzessive die Wahrnehmung über die eigenen Mobilitätsoptionen. Und das ist eine notwendige Voraussetzung, wenn tatsächlich eine Verhaltensänderung stattfinden soll.

Übrigens: Lassen Sie sich bitte nicht lumpen und stellen Sie sicher, dass Sie Fahrrad-Stellplätze nicht nur bewerben, sondern diese auch in ausreichender Anzahl und Qualität anbieten.

400 KOSTENLOSE & BEWACHTE BIKE-PLÄTZE
ANGEBOT
PKW
ALTGLAS
E-BIKE AUFLADE-PLÄTZE

Ohne Worte

59 Mit dem Rad zum Einkaufen

kommunikation

Stellen Sie gemeinsam mit dem örtlichen Einzelhandel eine mehrwöchige Aktion auf die Beine: Wer mit dem Fahrrad zum Einkaufen kommt, erhält bei seinem teilnehmenden Händler einen Eintrag in ein Stempelheft und nimmt damit an einer attraktiven Verlosung teil (eine bestimmte Anzahl an Stempeln bzw. Einkäufen mit dem Fahrrad vorausgesetzt).

Beachten Sie bei der Ausarbeitung: Die Aktion soll nicht einfach das x-te Gewinnspiel sein. Zentraler Bestandteil ist erstens die Teilnahme des örtlichen Einzelhandels (ergänzen Sie das gerne um weitere Alltagsziele in Ihrer Kommune, zu denen mehr Wege mit dem Rad zurückgelegt werden sollen, z.B. Ärzte oder Restaurants), der zweitens die Stempel an die Kunden ausgibt (natürlich sind anstelle des klassischen Stempels auch digitale Lösungen möglich). Weshalb sind diese zwei Punkte wichtig?

Diese Aktion ist nicht einseitig auf die Einkaufenden ausgerichtet. Um sie zu motivieren, braucht es (wie bei jedem Gewinnspiel) attraktive Preise. Der wesentliche Gedanke ist jedoch die Rolle der Einzelhändler: Sie drücken jedem Kunden, der mit dem Fahrrad kommt, aktiv einen Stempel in sein Heft – und werden dabei zunehmend erkennen, dass deutlich mehr Kunden mit dem Fahrrad kommen, als gedacht. Um ihre Bereitschaft zu erhöhen, selbst etwas für die Fahrradkunden zu tun (z.B. bessere Fahrradständer vor ihrem Geschäft) oder kommunalen Maßnahmen für den Radverkehr offen(er) gegenüber zu stehen (z.B. Wegfall von Kfz-Stellplätzen), müssen Sie die Bedeutung des Radverkehrs selbst spüren. Denn vielen Händlern entgeht, welche Relevanz radfahrende Kunden für sie haben.

Nachgefragt Überdachte Fahrradstellplätze mit Anschließmöglichkeit vor einem Supermarkt

60 Radfahren neu entdecken

Stellen Sie Ihren Bürgern und Unternehmen für einen zweiwöchigen Test kostenlos ein Pedelec oder ein Lasten-Pedelec zur Verfügung.

Die Elektromobilität ist im Radverkehr längst angekommen und bietet ganz neue Möglichkeiten: Mit Pedelecs gibt es keine Steigungen mehr, auch größere Entfernungen sind plötzlich leicht und zügig(er) zu bewältigen und selbst schwere bzw. sperrige Lasten können deutlich einfacher transportiert werden. Ein Lastenfahrrad bringt es schnell auf ein zulässiges Gesamtgewicht von 200 kg, die sich Dank Elektrounterstützung bequem beschleunigen lassen.

Machen Sie es Ihren Bürgern und Unternehmen einfach, diese Vorteile für sich zu entdecken. Eine kurze Probefahrt beim Händler ist dabei für viele potenziellen Nutzer zu wenig. Die Kosten für ein Lasten-Pedelec belaufen sich schnell auf mehrere tausend Euro und auch an das Fahrverhalten muss sich der ein oder andere erst gewöhnen. Da hilft nur ein ausgiebiger Alltagstest über mehrere Tage.

In Hessen bietet die Arbeitsgemeinschaft Nahmobilität Hessen (AGNH) im Rahmen der Kampagne „Radfahren neu entdecken" ihren Mitgliedskommunen Fahrräder zum Verleihen an – ein niederschwelliges und sehr wirksames Angebot. Die Idee lässt sich in jeder Kommune reproduzieren und schnell umsetzen. Kaufen oder leasen Sie als Kommune ein oder mehrere Lasten-Pedelecs (und ggf. herkömmliche Pedelecs) und stellen Sie diese für etwa zwei Wochen kostenlos zum Ausleihen bereit. Achten Sie darauf, dass Sie auch einen Wartungsvertrag abschließen, damit die Räder immer gut gepflegt und einsatzbereit sind.

Kleines rotes Transportwunder Der Autor auf einem Lastenfahrrad

61 Zählstelle

Stellen Sie im Verlauf wichtiger Radverbindungen automatische Zählanlagen auf, die Radfahrende automatisch erfassen und die Anzahl auf einer elektronischen Anzeige verdeutlichen.

Die Verkehrsplanung nutzt temporäre und stationäre Zählstellen, um für bestimmte Streckenabschnitte und Knotenpunkte verkehrsrelevante Daten zu erhalten. Vermehrt setzen Kommunen Messstellen auch dazu ein, Informationen über das Radverkehrsaufkommen zu erhalten und Investitionen in die Infrastruktur zu begründen. Ortsfest installierte Anlagen können dabei mit einer Anzeigetafel versehen und somit für Marketingzwecke verwendet werden. Oft steht dieser Zweck sogar im Vordergrund und die Erhebung der Daten ist ein Nebeneffekt.

Solche automatischen Zählstellen werden direkt neben einer Radverkehrsanlage platziert und sind mit einer gut lesbaren elektronischen Anzeige versehen, die üblicherweise zwei Informationen anzeigt: die Anzahl der Radfahrer, welche die Zählstelle am jeweiligen Tag passiert haben und jene, welche im laufenden Jahr vorbeigefahren sind. Die Anzeige der Radfahreranzahl wirkt nachweislich motivierend. Viele Systeme zeigen zusätzlich die Uhrzeit oder die Temperatur an. Zählstellen mit elektronischer Anzeige werden in immer mehr Städten eingesetzt, darunter in Ludwigsburg, Nürnberg, Hannover oder Kopenhagen.

Bei den Zählstellen handelt es sich üblicherweise um Säulen, auf denen auch Raum für Werbezwecke ist. Die Fläche kann so mit dem Corporate Design der Kommune oder eine auf den Radverkehr zugeschnittenen Botschaft versehen werden.

Da geht was! Automatische Fahrradzählstelle an einer Hauptachse des Radverkehrs

62 Baustellenmanagement und Umleitungen

service

Berücksichtigen Sie den Radverkehr bei allen Baustellen. Die Beschilderungen „Radfahrer absteigen“ oder „Radweg Ende“ sollten der Vergangenheit angehören. Vielmehr sind Baustellen so zu planen, dass eine vorhandene Radverkehrsführung auch im Baustellenbereich fortgeführt wird und deutlich gekennzeichnet ist. Nur wenn keine gesicherte Radverkehrsführung möglich ist oder aber der Bereich der Störstelle komplett gesperrt wird, wird für den Radverkehr eine Umleitung eingerichtet und beschildert.

Standards zur Radverkehrsführung an Baustellen und Umleitungsbeschilderung hat u.a. die Arbeitsgemeinschaft fahrradfreundliche Kommunen in Bayern (AGFK Bayern) veröffentlicht, die mit der Obersten Baubehörde abgestimmt sind. Mit diesen oder vergleichbaren Leitfäden haben Kommunalverwaltungen konkrete Empfehlungen an der Hand, die für alle Störstellen in der Stadt angewendet werden können, unabhängig davon, ob die Stadt, ein städtischer Betrieb oder ein Privater die Störstelle einrichtet. So kann die zuständige Straßenverkehrsbehörde beispielsweise im Rahmen des Genehmigungsverfahrens fordern, dass die Standards des Leitfadens in den Verkehrszeichenplan eingearbeitet werden. Auch können Kommunen die Einhaltung der Leitfäden bei der Vergabe öffentlicher Aufträge zur Bedingung machen.

Damit die Anordnungen der Verwaltung durch die eingesetzten Firmen auch eingehalten werden, sind regelmäßige Kontrollen einzuplanen. Die Mitarbeiter müssen dafür entsprechende Ressourcen zur Verfügung haben.

Perfekt Asphaltierung einer Umleitungsstrecke für den Radverkehr

63 Dienstfahrräder

service

Schaffen Sie Dienstfahrräder an und schließen Sie für jedes Fahrrad einen Wartungsvertrag ab, damit die Fahrzeuge stets gut gepflegt und einsatzbereit sind.

Je nach Zielgruppe und Einsatzzweck können Fahrradtyp und Ausstattung voneinander abweichen. In Frage kommen alle Dienststellen und Ämter, die im näheren Umkreis der Arbeitsstätte dienstliche Wege zurücklegen, darunter beispielsweise Bürgermeisteramt (gehen Sie als Oberbürgermeister, Bürgermeister oder Landrat mit gutem Beispiel voran), Bauamt, Straßenverkehrsbehörde, Ordnungsamt, Kulturamt, Gesundheitsamt Grünflächenamt oder der kommunale Bauhof. Integrieren Sie die Dienstfahrräder dabei in das bestehende Fuhrparkmanagement, um eine einfache Buchung und regelmäßige Wartungen zu gewährleisten.

Mitarbeiter nehmen einen (angebotenen) Umstieg vom gewohnten Dienstwagen auf das Dienstfahrrad sehr unterschiedlich auf. Wer es wagt und ausprobiert, ist meist begeistert. Es empfiehlt sich, die Einführung von Dienstfahrrädern kommunikativ zu begleiten. Im Idealfall im Rahmen eines ohnehin vorhandenen betrieblichen Mobilitätsmanagements. Besonders schwer kann der Umstieg Mitarbeitern fallen, die regelmäßig im Außeneinsatz sind und bei denen das Fahrrad zum festen Bestandteil ihrer dienstlichen Mobilität wird. Hier kann es sinnvoll sein, die Einführung des Dienstfahrrades mit der Neu- bzw. Wiederbesetzung von Stellen zu kombinieren und bereits mit der Stellenausschreibung deutlich zu machen, dass dienstliche Wege im Sattel zurückgelegt werden.

Immer mobil Dienstfahrräder stehen in der Fahrradgarage eines Rathauses

64 Dienstradprivileg

service

Bieten Sie Ihren Angestellten ein Dienstfahrrad zur persönlichen und privaten Nutzung an.

Seit dem Jahr 2012 ist nach einem Erlass der Landesfinanzministerien das Dienstfahrrad dem Dienstwagen gleichgestellt. Mit diesem Schritt wurde das so genannte Dienstwagenprivileg (1%-Regel) auf das Fahrrad ausgeweitet. Arbeitgeber können ihren Angestellten nun auch Fahrräder mit und ohne Elektromotor betrieblich überlassen. Wie beim Dienstauto kann das Fahrrad jederzeit privat genutzt werden. Auch besteht keine Verpflichtung das Fahrrad tatsächlich auch auf dem Arbeitsweg zu nutzen – wenngleich ein eigenes Dienstrad starke Anreize dafür setzt.

In Deutschland haben sich mehrere Leasinganbieter auf dieses Modell spezialisiert. Der Arbeitgeber schließt mit einem Anbieter einen Rahmenvertrag, die Mitarbeiter können sich anschließend bei einem Fahrradhändler vor Ort oder aus einem Produktkatalog „ihr“ Fahrrad aussuchen. Der Arbeitgeber trägt die Leasinggebühr, indem er einen Teil des Gehaltes umwandelt oder ein Gehaltsextra gewährt. Gegenüber dem Finanzamt erfolgt beim Mitarbeiter eine pauschale Versteuerung in Höhe von 0,25 % auf Basis der unverbindlichen Preisempfehlung des Herstellers.

Städte, Gemeinden und Landkreise können das Dienstrad ihren Angestellten sowie auch allen Arbeitnehmern von Kommunalunternehmen (z.B. städtische GmbH) zur Verfügung stellen.

Pure Motivation Das Dienstradprivileg wird von vielen Arbeitnehmern gerne in Anspruch genommen

65 Events

Berücksichtigen Sie den fahrenden und ruhenden Radverkehr bei Ihren Eventplanungen – egal ob Kirchweih, Stadtfest, Weihnachtsmarkt oder öffentliches Event eines privaten Veranstalters.

Meine Erfahrung aus zahlreichen Kommunen, landauf, landab, ist: So intensiv und gründlich die meisten lokalen öffentlichen Veranstaltungen geplant werden, so unprofessionell ist das Verkehrskonzept für diese Veranstaltungen. Im Normalfall gibt es schlicht und ergreifend keines. Dabei ist bei jeder Veranstaltung mit Besucheraufkommen zu rechnen und dies sollte im Rahmen der Möglichkeiten gesteuert werden. Ein zentrales Ziel sollte es sein, dass die Besucher aus der näheren Umgebung vorwiegend mit dem Fahrrad kommen. Dazu sind neben sicheren Radverbindungen vor allem adäquate Radabstellanlagen erforderlich. Adäquat heißt in diesem Fall: ausreichend Stellplätze, sicher gegen Diebstahl und Vandalismus, zentral gelegen sowie leicht zu finden. Mit mobilen Fahrradständern und einem intuitiven Parkleitsystem können Sie auch temporär eine größere Anzahl an Radabstellanlagen errichten und die Standorte kenntlich machen. Denken Sie bei der Planung auch daran, dass bestehende Radrouten möglicherweise nur eingeschränkt nutzbar sein könnten, z.B. durch Sperrungen von Straßen und Plätzen oder Leitungsführungen. Soweit Sperrungen nicht vermieden werden können, sind gut sichtbare Umleitungen einzurichten. Bei Leitungsführungen kann durch eine Verlegung in der Höhe der Radweg freigehalten werden, so dass Radfahrer von der Veranstaltung nicht beeinträchtigt werden. Prüfen Sie jedes Mal, inwieweit Ihre Veranstaltung den Radverkehr tangiert und welche Lösungen möglich sind.

Hoch hinaus Fahrradfreundliche Verlegung einer Leitung über einen Radweg im Zuge einer Veranstaltung

service

Knotenpunktsystem

Führen Sie in größeren Planungsräumen ein Knotenpunktsystem ein. Es handelt sich dabei um ein Zusatzelement zur Radwegweisung, bei dem wichtige Schnittstellen im Radverkehrsnetz mit Nummern, den so genannten Knotenpunkten, versehen sind. Sie erleichtern Radfahrern die Orientierung, indem diese auf dem Weg zu ihrem Ziel eine individuelle Abfolge von Nummern abfahren.

Da die Wege des Radverkehrs oft von den Hauptadern des Kfz-Verkehrs abweichen und vielen Autofahrern dadurch unbekannt sind, fördert ein Knotenpunktsystem den Umstieg auf das Fahrrad. Der Haupteinsatzbereich sind überörtliche Wege des Radverkehrs (Landkreis, Region), in mittleren und größeren Gebietskörperschaften kann es jedoch auch sinnvoll auf rein lokaler Ebene eingesetzt werden.

Jeder Knotenpunkt ist mit festen Ausstattungselementen versehen, darunter der Knotenpunktnummer des Standortes, der Beschilderung zu den angrenzenden Knotenpunkten sowie einer Übersichtskarte des Radverkehrsnetzes. Letztere kann als eigenständige Tafel realisiert werden und zusätzlich Informationen zur Ortschaft oder ausgewählten örtlichen Zielen (z.B. Kultureinrichtungen, Hotel und Gastronomie, Innenstadt, Fahrradgeschäfte und –werkstätten) enthalten. Dies ist insbesondere im Verlauf von Freizeitradwegen relevant.

Knotenpunktnummer

Weg zum angrenzenden Knotenpunkt

Hauptziel 20
Unterziel 7,2

Weg zum angrenzenden Knotenpunkt

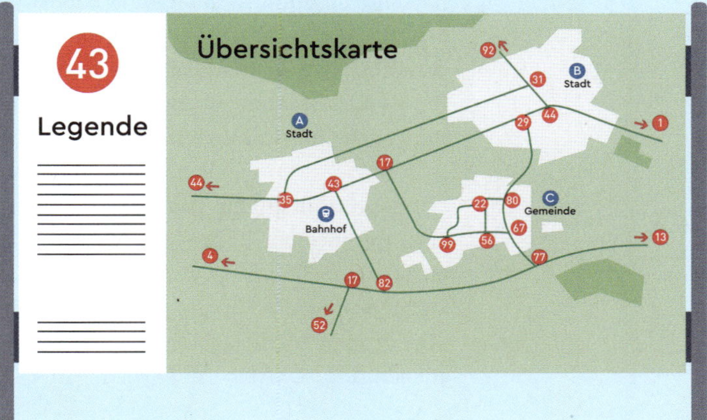

67 Kommunales Förderprogramm

service

Fördern Sie mit einem kommunalen Förderprogramm die Anschaffung von Lastenfahrrädern und Fahrradgaragen für Privatpersonen und Unternehmen.

Mit Lastenfahrrädern können auch sperrige Gegenstände sowie Personen mit dem Fahrrad transportiert werden. Seit der StVO-Novelle 2020 dürfen nicht nur Kinder, sondern auch erwachsene Personen auf Fahrrädern mitgenommen werden, sofern die Räder zur Personenbeförderung gebaut und eingerichtet sind. Lastenfahrräder können durch ihr Transportvolumen und das zulässige Gesamtgewicht Autofahrten ersetzen.

Die Erfahrungen mit kommunalen Förderprogrammen für die Anschaffung von Lastenfahrrädern sind äußerst positiv. In vielen Städten sind die Finanzmittel aufgrund der sehr großen Nachfrage bereits am ersten Tag ausgeschöpft. Allein in Bayern gab es nach Angaben von www.cargobike.jetzt Anfang 2020 mehr als ein Dutzend Förderprogramme, darunter der Landkreis Bamberg, sowie die Städte und Gemeinden Dachau, Freising, Fürth, Ismaning, Lindau, Mindelheim, Moosburg an der Isar, München, Neumarkt i.d.Opf., Nürnberg, Regensburg, Sonthofen, Stadtbergen, Wolfratshausen und Würzburg.

Um ein Lastenfahrrad auch für die Personen attraktiv zu machen, denen am Wohnort eine geeignete Radabstellanlage fehlt, sollte zudem deren Anschaffung gefördert werden – z.B. in Form einer Fahrradbox in der entsprechenden Größe. Auch kann die Förderung von Radabstellanlagen auf alle Fahrradtypen ausgeweitet werden, um den Ausbau des Radverkehrs voranzutreiben.

Raffiniert Fahrradgarage in einem Mini-Vorgarten eines Reihenhauses

68 Kommunale Verkehrsüberwachung

service

Reduzieren Sie mit einer kommunalen Verkehrsüberwachung das Falschparken auf Rad- und auch auf Gehwegen, indem Sie den ruhenden Verkehr konsequent kontrollieren und Verstöße ahnden.

Das Parken auf Rad- und Gehwegen behindert andere (schwächere) Verkehrsteilnehmer und kann sie gefährden – z.B. weil Radfahrer auf einen Gehweg ausweichen oder Fußgänger auf die Fahrbahn treten müssen.

Eine weit verbreitete Meinung lautet: Auf Gehwegen darf geparkt werden, wenn noch ein Kinderwagen oder ein Rollstuhlfahrer durchkommt. Das ist falsch. Auf Gehwegen ist das Parken immer verboten, außer es ist durch Verkehrszeichen (VZ 315) oder Markierung in bestimmten Bereichen explizit zugelassen. Dazu braucht es aber sehr breite Gehwege. Für Fußgänger sollen mindestens 2,20 m Restbreite zur Verfügung stehen, die Regelbreite liegt sogar bei 2,50 m nutzbarer Fläche (also zuzüglich stationärer Einbauten wie Verteilerkästen). Freie Gehwege kommen nicht nur allen zu Gute, die zu Fuß unterwegs sind, sondern auch Kindern (Familien) mit dem Fahrrad. Bis zur Vollendung des achten Lebensjahres müssen Kinder, die mit Rad fahren, zwingend den Gehweg nutzen, bis zur Vollendung des zehnten Lebensjahres dürfen sie. Ein Erwachsener darf sie dabei mit dem Fahrrad auf dem Gehweg begleiten. Dies geht nur, wenn die Gehwege tatsächlich breit genug sind.

Auch auf Schutz- und Radfahrstreifen sowie Radwegen ist das Parken verboten und sollte unterbunden werden. Auf bekannte Brennpunkte sollte die Verkehrsüberwachung ein besonderes Auge haben.

Verboten Falschparker blockiert Gehweg

69 Ladestationen

service

Statten Sie Radabstellanlagen dort mit Ladestationen für Pedelecs aus, wo Fahrräder über einen längeren Zeitraum geparkt werden. Im Radverkehr ist die Elektromobilität längst angekommen, immer mehr Fahrräder sind mit einem Elektromotor ausgestattet und benötigen Lademöglichkeiten.

Grundsätzlich kann darauf verzichtet werden, in einer Stadt oder Gemeinde ein flächendeckendes Netz an Ladestationen einzurichten. Fahrräder mit Elektrounterstützung haben realistische Reichweiten von ca. 50 – 100 km je Akkuladung, im Einzelfall auch mehr. Die Reichweite ist u.a. abhängig von der Akkuleistung (in Wattstunden), dem Alter des Akkus, der eingestellten Unterstützungsstufe, der Topographie, der Fahrweise oder der Anzahl der Stopps. Grundsätzlich lässt sich jedoch feststellen: Die Reichweite einer Akkuladung ist für fast alle Alltagsfahrten absolut ausreichend. Ladestationen sind deshalb nur dort sinnvoll, wo Fahrräder nach einer längeren Fahrt und über einen längeren Zeitraum abgestellt werden.

Dies betrifft natürlich Aufenthaltsorte (Gastronomie, Hotellerie, Marktplatz, Sehenswürdigkeiten) im Verlauf von Freizeitradrouten. Für den Alltagsradverkehr sind es zunächst die Wohn- und Arbeitsstätten, also die Orte, an denen das Fahrrad über Nacht oder während der Arbeitszeit abgestellt wird. Weitere Standorte von Ladestationen können z.B. Bahnhöfe und Haltestellen, Fahrradparkhäuser und –stationen, Freizeitbäder und Badeseen, Freizeitparks, Universitäten oder Krankenhäuser sein. Sinnvoll kann es zudem sein, bei Veranstaltungen mit überörtlicher Bedeutung (z.B. Festivals) temporär Ladestationen anzubieten.

Unter Strom Öffentliche Ladestation für Pedelecs

70 Parkleitsystem

service

Sorgen Sie dafür, dass Radabstellanlagen an zentralen Orten gut sichtbar ausgeschildert sind – und zwar sowohl die Radabstellanlage selbst, als auch die Zuwegung dorthin.

In Frage kommen dabei insbesondere Fahrtziele mit einem hohen Besucheraufkommen: Einkaufsschwerpunkte, Rathaus, Landratsamt, Volkshochschule, Bäder, Museen, Schulen, Kindertageseinrichtungen, Bahnhof und viele mehr. Die Hinweisschilder sind nicht nur eine Orientierungshilfe für Radfahrer, sondern verdeutlichen auch anderen Verkehrsteilnehmern, dass Fahrräder hier gut abgestellt werden können. Am besten ist es deshalb, sie nutzen Schilder, die entsprechend groß und auffällig sind und platzieren diese gut sichtbar. Sie setzen damit zumindest einen kleinen Anreiz, das eigene Mobilitätsverhalten zu überdenken und einmal das Rad zu nutzen.

Radabstellanlagen sollten stets nah am Eingang angeordnet werden. Wo das nicht möglich ist und die Radabstellanlage weiter entfernt oder sogar versteckt ist, sollten Hinweisschilder ohnehin eine Selbstverständlichkeit sein.

Hinweise auf gesicherte Abstellplätze sollten zudem bei allen Veranstaltungen eingeplant werden, damit die Besucher die Anlagen schnell und einfach finden. Dies ist besonders dann wichtig, wenn viele Besucher ortsunkundig sind oder Sie mobile Fahrradständer einsetzen, die nur temporär aufgestellt sind.

Zum Nachmachen Beschilderte Radabstellanlage

71 Radwegweisung

service

Schildern Sie den Verlauf der inner- und überörtlichen Routen für den Alltags- und den Freizeitradverkehr nach dem aktuellen Stand der Technik aus. Dabei handelt es sich um die weithin bekannten grün-weißen (bzw. rot-weißen) Wegweiser. Maßgeblich für die Planung ist das „Merkblatt zur wegweisenden Beschilderung für den Radverkehr" der Forschungsgesellschaft für Straßen- und Verkehrswesen (FGSV) in der jeweils aktuellen Fassung.

Bei der Auftragsvergabe sollten Sie darauf achten, dass für die Wegweisung auch ein Kataster erstellt wird. In diesem sind alle Angaben zu der Beschilderung übersichtlich zusammengefasst (z.B. genauer Standort und Inhalte der Schilder). Mit einem Kataster können Sie die Herstellung und Montage der Beschilderung professionell ausschreiben und die Qualität dauerhaft sicherstellen. Denn die Vollständigkeit der Wegweiser und ihr Zustand sollten durch jährliche Kontrollfahrten überprüft und Mängel zügig behoben werden. Das Kataster dient dabei als Referenz. Bei Routenänderungen ist es daher zu aktualisieren.

Bei der wegweisenden Beschilderung für den Radverkehr werden üblicherweise Städte und Stadt- bzw. Ortsteile namentlich ausgewiesen. Durch zusätzliche Piktogramme können auch weitere wichtige Punktziele aufgenommen werden, z.B. Innenstadt, Bahnhof, gastronomische Einrichtungen, Fahrradladestationen oder Krankenhaus. Touristische Routen werden in dieses System integriert, indem an der Unterkante der Wegweiser quadratische Plaketten mit dem Logo der jeweiligen Routen befestigt werden.

Die Basics Grün-weiße Radwegweiser in einer bayerischen Gemeinde

72 Sanitärräume für kommunale Mitarbeiter

service

Richten Sie für die Mitarbeiter im Rathaus und den kommunalen Einrichtungen Umkleideräume mit Duschmöglichkeit ein, damit sich diese nach der Ankunft am Arbeitsplatz umziehen und frisch machen können. Kaum einer möchte sich verschwitzt oder nach einer Regenfahrt mit nassen Klamotten an den Schreibtisch setzen. Der Umkleideraum sollte von der Radabstellanlage für die Mitarbeiter gut und auf direktem Wege erreichbar sein.

Ein gut ausgestatteter Umkleideraum verfügt mindestens über

1. eine Möglichkeit zum Trocknen feuchter oder nasser Kleidung und Handtücher,

2. abschließbare Spinde mit zwei getrennten Bereichen für die Fahrrad- und die Büro- bzw. Geschäftskleidung sowie

3. Nasszellen (mit Fön), um sich duschen zu können. Optional können Ladenmöglichkeiten für Pedelec-Akkus das Angebot ergänzen, wenn der Einzugsbereich der Mitarbeiter entsprechend groß ist.

Tipp: Oft sind kommunale Dienstleistungen in eigene Wirtschaftsbetriebe ausgegliedert, z.B. Stadtwerke, Verkehrsunternehmen, Wohnungsbaugesellschaften. Setzen Sie diese Maßnahmen auch in Ihren Kommunalunternehmen um. Als Gesellschafter haben Sie hier im Regelfall unmittelbare Einflussmöglichkeiten.

Nass und kalt Radweg nach Schneefall

73 Servicestation

service

Stellen Sie an zentralen Stellen im Stadtgebiet öffentliche Servicestationen zur Verfügung, mit denen Fahrradreifen aufgepumpt und einfache Reparaturen selbst vorgenommen werden können. Typische Standorte sind Bahnhöfe und Haltestellen des ÖPNV, Innenstadt, Rathaus und andere zentrale öffentliche Einrichtungen der Gemeinde. Oft werden Servicestationen auch entlang von Radwegen des Alltagsverkehrs sowie an Freizeitradrouten und Fahrradrastplätzen aufgestellt.

Was genau unter einer Servicestation zu verstanden wird, kann örtlich unterschiedlich sein. Üblicherweise zählen eine Luftpumpe und ein Werkzeugset für kleinere Reparaturen dazu. Die Werkzeuge sind dabei an Stahlseilen befestigt und können dadurch nur vor Ort verwendet werden. Mitunter werden Luftpumpe und Werkzeugset auch einzeln eingesetzt. Umgekehrt kann eine Servicestation auch mit weiteren Elementen ergänzt werden, z.B. einem Fahrradhalter für den Reparaturvorgang oder einem Schlauchautomaten. Auch kann eine Servicestation mit einer anderen Einrichtung kombiniert werden, z.B. einer Abstellanlage mit Ladestation oder einer Fahrradverleihstation.

Die Standorte der Servicestationen sollten in die Radwegweisung (grün-weiße bzw. rot-weiße Wegweiser) aufgenommen werden. Dies erfolgt über ein eigenes Piktogramm.

Für Kleinigkeiten Servicestation mit einfachem Reparaturwerkzeug und Luftpumpe

74 Winterdienst

service

Befreien Sie die Radrouten in Ihrer Kommune bis zum Beginn des Berufs- und Ausbildungsverkehrs von Schnee und Eis und halten Sie den Winterdienst bis zum Ende des allgemeinen Tagverkehrs aufrecht. Nutzen Sie dafür anstelle von abstumpfenden (Split) besser auftauende Materialien (Salz, Sole).

Mit einem guten und flächendeckenden Winterdienst sitzt ein erheblicher Teil der Radfahrer auch in den Wintermonaten im Sattel. Beispiel Kopenhagen: Dort fahren 75 % der Radfahrer ganzjährig. Der Erfolg ist dabei das Ergebnis der Prioritätensetzung: „Radwege werden zuerst geräumt." Das erhöht nicht nur die Verkehrssicherheit, sondern hat auch einen erheblichen psychologischen Aspekt, der die Hemmschwelle Rad zu fahren, absenkt: Radfahrer können sicher sein, dass sich die Stadt zuerst um sie kümmert und sie freie und griffige Wege vorfinden. Wer Radwege dagegen erst irgendwann im Laufe des Vormittags räumt, hält Menschen vom Radfahren ab.

Nach der Rechtslage gelten für Radwege die gleichen gesetzlichen Winterdienstpflichten wie für Straßen. Dabei ist ein zusammenhängendes Verkehrsnetz zu räumen. Die Dringlichkeit für einzelne Radrouten ergibt sich dabei aus ihrer Verkehrsfunktion (z.B. Hauptradroute, Schülerroute). Ist mehr als ein Baulastträger zuständig, sollten die Aktivitäten zeitlich so koordiniert werden, dass die Strecke zu festgelegten Zeiten durchgängig befahrbar ist. Kombinierte Geh- und Radwege werden i.d.R. wie Gehwege behandelt, der Winterdienst obliegt somit häufig den Anliegern und orientiert sich an den Anforderungen des Fußverkehrs. Es kann sinnvoll sein, dass die Kommune entlang von Radrouten Sonderregelungen trifft und den Winterdienst übernimmt.

Vorbildlich Schnee- und eisfreier Radweg mit Schneestangen außerorts

Autor Thiemo Graf

Thiemo Graf erkannte schon früh, dass Radverkehrsförderung völlig neu gedacht werden und die Bedürfnisse der Menschen erfüllen muss, wenn Mobilitätsverhalten verändert werden soll. Sein Credo: Radwege müssen gebaute Einladungen sein. Dazu entwickelte er das Hygge-Modell© und gründete das i.n.s. – Institut für innovative Städte, um Städte, Gemeinden und Landkreise dabei zu unterstützen, Menschen für das Radfahren zu motivieren.

Mit seinem interdisziplinären Team berät und begleitet er heute Kommunen, Behörden und Ministerien bei allen Fragen zum Radverkehr. Er war im Auftrag des Bundesministeriums für Verkehr und digitale Infrastruktur (BMVI) als Fachexperte beratend an der Erstellung des Nationalen Radverkehrsplanes 2030 beteiligt. Thiemo Graf ist zudem ein gefragter Vortragsredner, moderiert Fachveranstaltungen und leitet Seminare und Workshops. Er ist seit 2016 Autor mehrerer Fachbücher zum Radverkehr und Verleger (www.fahrradverlag.de).

Bücher

2016 | Handbuch: Radverkehr in der Kommune
2017 | Absurdes aus der Verkehrsplanung
2018 | Einrichtung von Fahrradstraßen

„Radwege müssen gebaute Einladungen sein.“

Thiemo Graf

Herausgeber
i.n.s. – Institut für innovative Städte

Das i.n.s. – Institut für innovative Städte ist ein bundesweit tätiges Fachbüro für Fuß- und Radverkehr, Stadtentwicklung und Fachpublikationen. Das interdisziplinäre Team berät und begleitet seine Auftraggeber bei allen Fragestellungen zur Radverkehrsförderung und –planung. Dabei können die Mitarbeiterinnen und Mitarbeiter für Spezialfragen auch auf langjährige Partnerbüros zurückgreifen und dadurch ein breites Leistungsspektrum aus einer Hand anbieten. Ein Schwerpunkt der Tätigkeit sind Radverkehrskonzepte, Machbarkeitsuntersuchungen, Infrastrukturplanungen, sowie Weiterbildung durch Fachseminare und Coachings für Städte, Gemeinden und Landkreise. Das i.n.s. – Institut für innovative Städte ist weiterhin auch für Verbände, Behörden, mehrere Bundesländer sowie das Bundesministerium für Verkehr und digitale Infrastruktur (BMVI) tätig. Ein Spezialgebiet ist die Umsetzung von Fahrradstraßen und Fahrradzonen.

Im Jahr 2016 war das Fachbüro erstmals Herausgeber der Publikation Handbuch: Radverkehr in der Kommune, in dem das von Inhaber Thiemo Graf entwickelte Hygge-Modell© vorgestellt wird. Es beschreibt anschaulich, wie Kommunen Mobilitätsverhalten verändern können und ist zwischenzeitlich zum Standardwerk für die Radverkehrsplanung und –förderung geworden. Das Fachbüro arbeitet in seinen Projekten nach den im Handbuch vorgestellten Prinzipien. Durch Kooperationen mit Universitäten in Deutschland und Österreich wird das Modell kontinuierlich weiterentwickelt.

www.innovative-staedte.de

Transparenzhinweis

Der Autor Thiemo Graf ist Gründer und Inhaber des i.n.s. – Institut für innovative Städte, das als Herausgeber dieses Buches fungiert, und gleichzeitig Verleger im Thiemo Graf Verlag (www.fahrradverlag.de). Beide Unternehmen sind in der Radverkehrsplanung und –förderung zu Hause und unterstützen mit einer breiten Palette an Produkten und Dienstleistungen ihre Kunden, darunter vor allem Kommunen, beim Ausbau des Radverkehrs. Daher ist es naheliegend, dass es bei mehreren in diesem Buch vom Autor aufgeführten strategischen oder operativen Maßnahmen Überschneidungen mit dem Produkt- bzw. Dienstleistungsangebot der beiden Unternehmen gibt. Insbesondere bei den nachstehend bezeichneten Maßnahmenempfehlungen gibt der Autor erhebliche Überschneidungen an, u.a. weil diese Produkte bzw. Dienstleistungen fast ausschließlich oder ausschließlich durch den Fahrradverlag angeboten werden (alphabetische Reihenfolge):

Guerilla-Marketing: Der Fahrradverlag hat Sprühkreide-Sets in seinem Portfolio.

Hauptroutenlogo: Das Logo zur Kennzeichnung von Radhauptrouten, Velorouten etc. wurde vom Fahrradverlag entwickelt und wird durch diesen den interessierten Kommunen zur Verfügung gestellt. Inhaber der im Buch angegebenen Domain www.routenlogo.de ist der Fahrradverlag.

Marketingpaket: Der Fahrradverlag bietet entsprechende Marketingpakete gegen Entgelt an, darunter zum Zeitpunkt der Veröffentlichung des Buches drei Pakete zu Fahrradstraßen.

Wanderausstellung: Über den Fahrradverlag können Kommunen Ausstellungen beziehen.

Abbildungsverzeichnis

Folgende Fotos und Abbildungen wurden uns zum Abdruck in diesem Buch zur Verfügung gestellt:

Anspruch – Michael Hüter, Bochum

Fahrradzone – Dominik Fuchs, Stadt Freising

Hauptroutenlogo – Agentur Wentrup + Nieschlag, Münster

Kostenlose Fahrradparkplätze bewerben – Michael Hüter, Bochum; aus: Absurdes aus der Verkehrsplanung von Thiemo Graf

Marketingpaket – Agentur Wentrup + Nieschlag, Münster

Wanderausstellung – Michael Hüter, Bochum; aus: Absurdes aus der Verkehrsplanung von Thiemo Graf

Alle weiteren Abbildungen wurden vom i.n.s. – Institut für innovative Städte aufgenommen und für den Abdruck in diesem Buch bereitgestellt

Verlagsprogramm

Handbuch: Radverkehr in der Kommune
Nutzertypen, Infrastruktur, Stadtplanung, Marketing
Das Hygge-Modell
Ergänzungen zur ERA

Autor: Thiemo Graf
(farbig, bebildert), Hardcover
ISBN: 978-3-940217-30-1

Radverkehr von A-Z
Universalwörterbuch mit allen wichtigen Begriffen
der Radverkehrsförderung und -planung

Herausgeber: i.n.s. – Institut für innovative Städte
200 Seiten (farbig, bebildert), Hardcover
ISBN: 978-3-940217-26-4

Copenhagenize: Der ultimative Weg zur urbanen Fahrradkultur

Autor: Mikael Colville-Andersen
(farbig, bebildert), Hardcover
ISBN: 978-3-940217-29-5

Der Berlin-Standard
Moderne Radverkehrspolitik „Made in Germany“

Autor: Heinrich Strößenreuther
140 Seiten (farbig, bebildert), Hardcover
ISBN: 978-3-940217-25-7